하루를 준비하는

# 아침 <sub>계산편</sub>

# 5분수학

## 🐟 아침5분수학(계산편)의 소개

스스로 알아서 하는 아침5분수학으로 기운찬 하루를 보내자!!!
매일 아침. 아침 밥을 먹으면 하루를 건강하게 보낼 수 있습니다.
마찬가지로. 매일 아침 5분의 계산 연습은 기운찬 하루를 보내게해 줄 것입니다.
매일 아침의 훈련으로 공부에 눈을 뜨는 버릇이 몸에 배게 되어,
스스로 공부하는 습관이 생기게 됩니다.
읽는 습관과 쓰는 습관으로 하루를 계획하고,
준비해서 매일 아침을 상쾌하게 시작하세요.

## 🐤 아침5분수학(계산편)의 활용

1. 아침 학교 가기전 집에서 하루를 준비하세요.
2. 등교후 1교시 수업전 학교에서 풀고, 수업 준비를 완료하세요.
3. 수학시간 전 휴식시간에 수학 수업 준비 마무리용으로 활용 하세요.
4. 학년별 학기용으로 이해하기 쉬운 내용으로 구성되어 학기 시작전 예습용이나
   단기 복습용으로 활용하세요.
5. 계산력 연습용과 하루 일과 준비를 할 수 있는 이 교재로 몇달 후
   달라진 모습을 기대 하세요.

# 꿈을 향한 나의 목표

화이팅!!

ㅅㅅ

나는 　　　　(하)고　　　　　　　한

　　　　　　　　　　　　　(이)가 될거예요!

### 공부의 목표

### 예체능의 목표

### 생활의 목표

### 건강의 목표

 나의 목표를 꼼꼼히 세우고, 목표를 달성하기위해 노력해요^^

으쌰 으쌰!

# SMILE · 목표를 향한 나의 실천계획

 **공부**의 목표를 달성하기 위해

1.

2.

3.

할거예요.

 **예체능**의 목표를 달성하기 위해

1.

2.

3.

할거예요.

 **생활**의 목표를 달성하기 위해

1.

2.

3.

할거예요.

 **건강**의 목표를 달성하기 위해

1.

2.

3.

할거예요.

 나의 목표를 꼼꼼히 세우고, 목표를 달성하기위해 노력해요^^

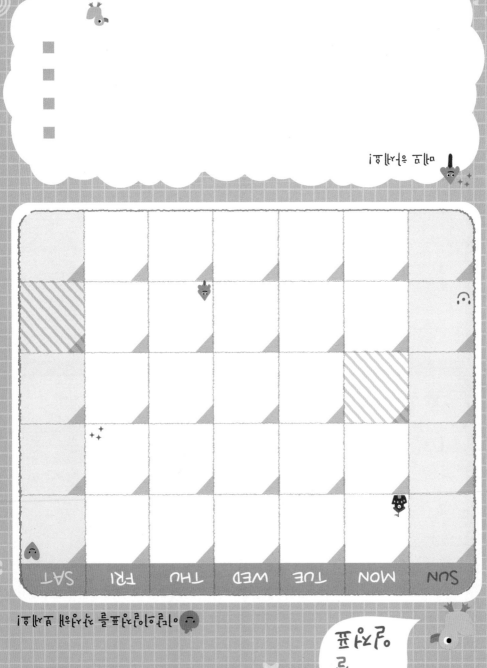

HAPPY!

# 일주일 일기장

일요일 저녁에 적으세요.

| 재미있었던 과목 | 친하게 지낸 친구 | 하고 싶은 일 | 잘 못한 일 |

[　]월 [　]일

기억에 남는 일

다음주 각오

| 재미있었던 과목 | 친하게 지낸 친구 | 하고 싶은 일 | 잘 못한 일 |

[　]월 [　]일

기억에 남는 일

다음주 각오

| 재미있었던 과목 | 친하게 지낸 친구 | 하고 싶은 일 | 잘 못한 일 |

[　]월 [　]일

기억에 남는 일

다음주 각오

| 재미있었던 과목 | 친하게 지낸 친구 | 하고 싶은 일 | 잘 못한 일 |

[　]월 [　]일

기억에 남는 일

다음주 각오

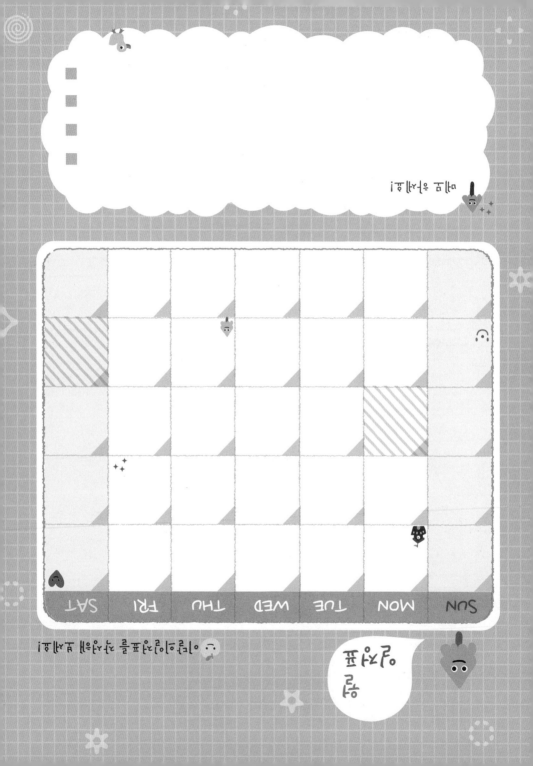

HAPPY!

# 일주일 일기장

일요일 저녁에 적으세요.

[ ]월 [ ]일

| 재미있었던 과목 | 친하게 지낸 친구 | 하고 싶은 일 | 잘 못한 일 |
|---|---|---|---|
|  |  |  |  |

기억에 남는 일

다음주 각오

[ ]월 [ ]일

| 재미있었던 과목 | 친하게 지낸 친구 | 하고 싶은 일 | 잘 못한 일 |
|---|---|---|---|
|  |  |  |  |

기억에 남는 일

다음주 각오

[ ]월 [ ]일

| 재미있었던 과목 | 친하게 지낸 친구 | 하고 싶은 일 | 잘 못한 일 |
|---|---|---|---|
|  |  |  |  |

기억에 남는 일

다음주 각오

[ ]월 [ ]일

| 재미있었던 과목 | 친하게 지낸 친구 | 하고 싶은 일 | 잘 못한 일 |
|---|---|---|---|
|  |  |  |  |

기억에 남는 일

다음주 각오

HAPPY!

# 일주일 일기장

## [ ]월 [ ]일

| 재미있었던 과목 | 친하게 지낸 친구 | 하고 싶은 일 | 잘 못한 일 |
|---|---|---|---|
| | | | |

기억에 남는 일

다음주 각오

## [ ]월 [ ]일

| 재미있었던 과목 | 친하게 지낸 친구 | 하고 싶은 일 | 잘 못한 일 |
|---|---|---|---|
| | | | |

기억에 남는 일

다음주 각오

## [ ]월 [ ]일

| 재미있었던 과목 | 친하게 지낸 친구 | 하고 싶은 일 | 잘 못한 일 |
|---|---|---|---|
| | | | |

기억에 남는 일

다음주 각오

## [ ]월 [ ]일

| 재미있었던 과목 | 친하게 지낸 친구 | 하고 싶은 일 | 잘 못한 일 |
|---|---|---|---|
| | | | |

기억에 남는 일

다음주 각오

# 아침5분수학 (계산편)의 차례 6학년 1학기

(부록) 집중 계산력 연습 8회분

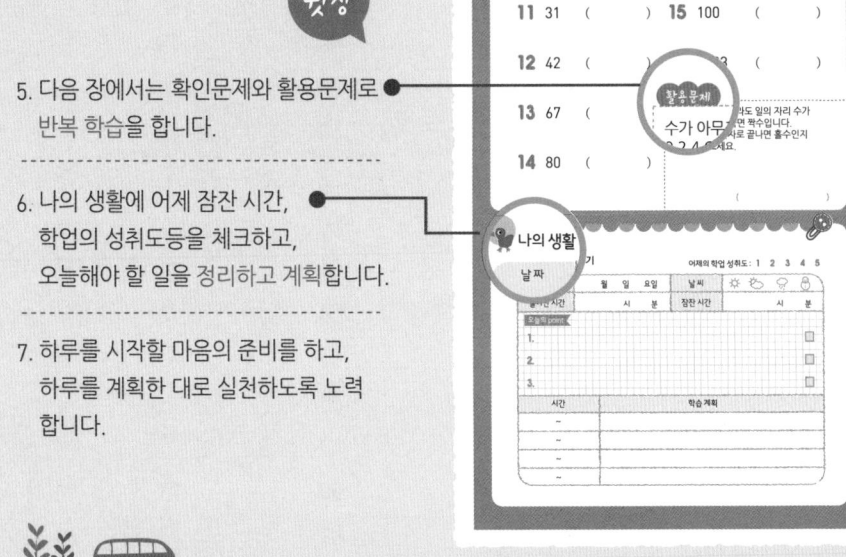

**앞장**

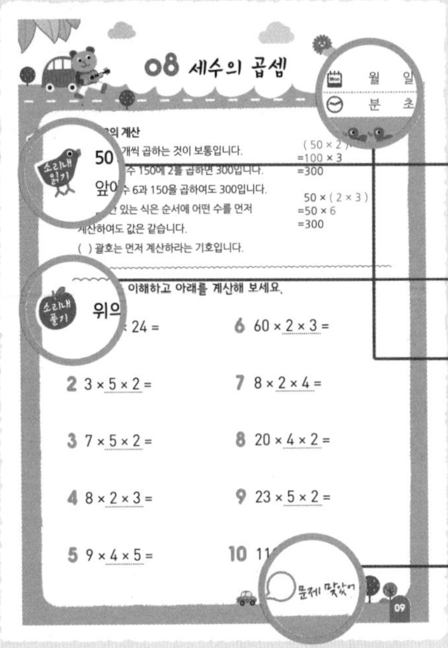

08 세수의 곱셈

월 일
분 초

소리내 읽기

50

의 계산

개씩 곱하는 것이 보통입니다.
수 150에 2를 곱하면 300입니다.
앞○ 수 6과 150을 곱하여도 300입니다.
있는 식은 순서에 어떤 수를 먼저
계산하여도 값은 같습니다.
( ) 괄호는 먼저 계산하라는 기호입니다.

( 50 × 2 )
=100 × 3
=300

50 × ( 2 × 3 )
=50 × 6
=300

소리내 풀기

위의

이해하고 아래를 계산해 보세요.

**1** × 24 =

**6** 60 × 2 × 3 =

**2** 3 × 5 × 2 =

**7** 8 × 2 × 4 =

**3** 7 × 5 × 2 =

**8** 20 × 4 × 2 =

**4** 8 × 2 × 3 =

**9** 23 × 5 × 2 =

**5** 9 × 4 × 5 =

**10** 11

몇문제 맞았기

09

1. 그날 학습할 내용을 소리 내 읽습니다.

2. 그다음 소리 내 읽으며 계산 연습을 합니다.
계산을 시작하기 전, 시계로 시간을 잽니다.

3. 끝났으면, 걸린 시간을 적습니다.

4. 스스로 답을 맞히고, 맞힌 개수를 써넣습니다.
틀린 문제는 다시 풀어봅니다.

**뒷장**

02

**11** 31 ( )   **15** 100 ( )

**12** 42 ( )   3 ( )

**13** 67 ( )

**14** 80 ( )

참숫자 문제

도 일의 자리 수가
면 짝수입니다.
수가 아무 로 끝나면 홀수인지
0, 2, 4  세요.

나의 생활

5. 다음 장에서는 확인문제와 활용문제로
반복 학습을 합니다.

6. 나의 생활에 어제 잠잔 시간,
학업의 성취도등을 체크하고,
오늘해야 할 일을 정리하고 계획합니다.

7. 하루를 시작할 마음의 준비를 하고,
하루를 계획한 대로 실천하도록 노력
합니다.

기

어제의 학업 성취도: 1 2 3 4 5

날짜

월 일 요일   날씨 ☼ ☁ ♡ ♧

시간   시   잠잔 시간   시 분

오늘의 point

1. ☐
2. ☐
3. ☐

시간   학습 계획

~
~
~

# 01 진분수÷진분수(1)

 **분모가 같은 진분수 ÷ 진분수 $\frac{\blacksquare}{\triangle} \div \frac{\bullet}{\triangle} = \frac{\blacksquare}{\bullet}$ 가 됩니다.**

분모가 같은 진분수끼리의 나눗셈은 분자들의 나눗셈과 같습니다.

$$\frac{4}{5} \div \frac{3}{5} = 4 \div 3 = \frac{4}{3} = 1\frac{1}{3}$$

분모가 같으면 분자끼리의
나눗셈으로 나타냅니다.

> 분수의 답은 꼭 분수부분을
> 진분수로 만들거나, 약분을 해
> 기약분수로 만들어야 합니다.

 **위의 내용을 이해하고 아래 분수를 계산해 보세요.**

**1** $\frac{1}{3} \div \frac{2}{3} =$

**2** $\frac{2}{5} \div \frac{4}{5} =$

**3** $\frac{3}{6} \div \frac{5}{6} =$

**4** $\frac{1}{4} \div \frac{3}{4} =$

**5** $\frac{3}{8} \div \frac{7}{8} =$

**6** $\frac{5}{10} \div \frac{3}{10} =$

**7** $\frac{11}{12} \div \frac{7}{12} =$

**8** $\frac{12}{13} \div \frac{6}{13} =$

**9** $\frac{8}{15} \div \frac{4}{15} =$

**10** $\frac{15}{23} \div \frac{10}{23} =$

 16문제 중 ◯ 문제 맞았어!

11  $\dfrac{5}{12} \div \dfrac{7}{12} =$

14  $\dfrac{17}{28} \div \dfrac{5}{28} =$

12  $\dfrac{14}{27} \div \dfrac{19}{27} =$

15  $\dfrac{31}{51} \div \dfrac{9}{51} =$

13  $\dfrac{15}{19} \div \dfrac{18}{19} =$

16  $\dfrac{35}{73} \div \dfrac{15}{73} =$

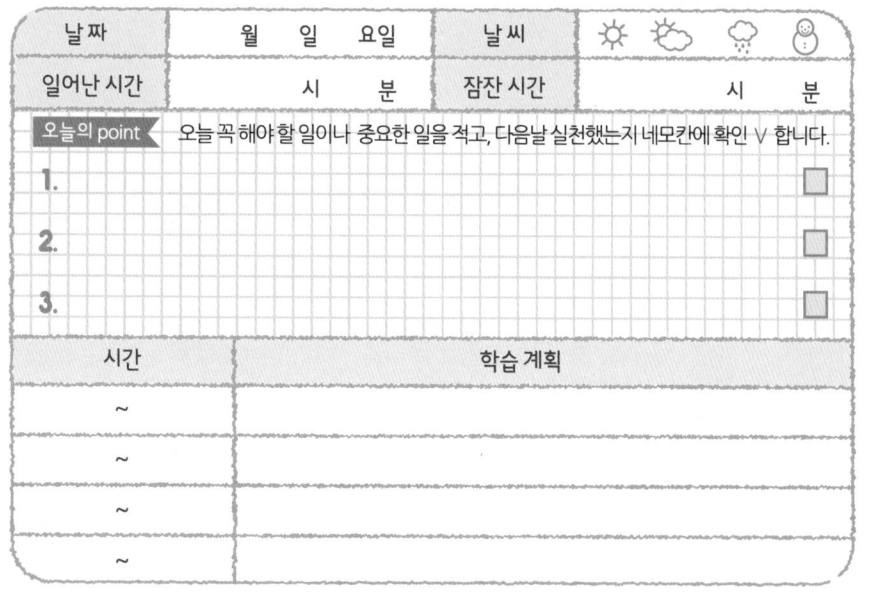

 나의 생활 일기

잘했다고 생각되면 **5**점
어제의 학업 성취도 : **1  2  3  4  5**

| 날짜 | 월  일  요일 | 날씨 | ☀  ⛅  ☂  ☃ |
|---|---|---|---|
| 일어난 시간 | 시   분 | 잠잔 시간 | 시   분 |

오늘의 point ◀ 오늘 꼭 해야할 일이나 중요한 일을 적고, 다음날 실천했는지 네모칸에 확인 ∨ 합니다.

1. ☐

2. ☐

3. ☐

| 시간 | 학습 계획 |
|---|---|
| ~ | |
| ~ | |
| ~ | |
| ~ | |

소리내 읽기

**분모가 다른 진분수 ÷ 진분수는 통분하여 계산합니다.**

분모가 같은 진분수끼리의 나눗셈으로 만들어 분자끼리의 나눗셈을 합니다.

$$\frac{2}{3} \div \frac{1}{5} = \boxed{\frac{10}{15}} \div \boxed{\frac{3}{15}} = \boxed{10} \div \boxed{3} = \boxed{\frac{10}{3}} = 3\frac{1}{3}$$

분모가 다르면 통분합니다.

분모가 같아졌으므로 분자끼리의 나눗셈을 계산합니다.

> 분수의 답은 꼭 분수부분을 진분수로 만들거나, 약분을 해 기약분수로 만들어야 합니다.

소리내 풀기

**아래 나눗셈을 위와 같이 통분하여 계산해 보세요.**

**1** $\dfrac{1}{5} \div \dfrac{2}{3} =$

**5** $\dfrac{1}{5} \div \dfrac{5}{6} =$

**2** $\dfrac{2}{5} \div \dfrac{1}{6} =$

**6** $\dfrac{1}{6} \div \dfrac{2}{11} =$

**3** $\dfrac{5}{6} \div \dfrac{2}{7} =$

**7** $\dfrac{3}{8} \div \dfrac{1}{7} =$

**4** $\dfrac{1}{2} \div \dfrac{1}{3} =$

**8** $\dfrac{5}{12} \div \dfrac{1}{5} =$

*12* 문제 중 ⭕ 문제 맞았기!

**9** $\dfrac{5}{12} \div \dfrac{3}{4} =$

**11** $\dfrac{5}{14} \div \dfrac{5}{7} =$

**10** $\dfrac{1}{6} \div \dfrac{4}{5} =$

**12** $\dfrac{7}{15} \div \dfrac{14}{45} =$

 나의 생활 일기

잘했다고 생각되면 **5**점
어제의 학업 성취도 : **1** **2** **3** **4** **5**

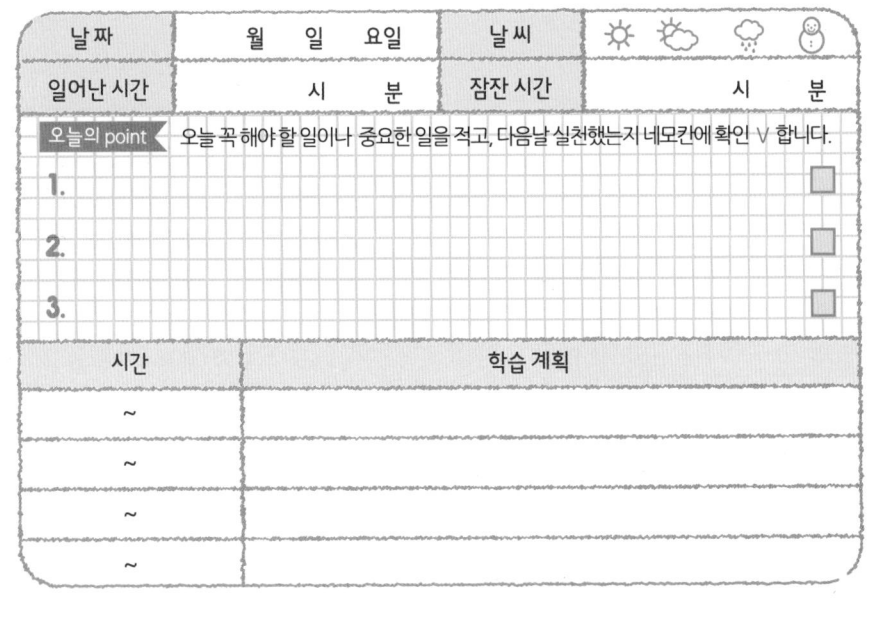

| 날 짜 | 월　일　요일 | 날 씨 | ☼　☁　☂　⛄ |
|---|---|---|---|
| 일어난 시간 | 시　분 | 잠잔 시간 | 시　분 |

| 오늘의 point | 오늘 꼭 해야 할 일이나 중요한 일을 적고, 다음날 실천했는지 네모칸에 확인 ∨ 합니다. | |
|---|---|---|
| 1. | | ☐ |
| 2. | | ☐ |
| 3. | | ☐ |

| 시간 | 학습 계획 |
|---|---|
| ~ | |
| ~ | |
| ~ | |
| ~ | |

# 03 진분수÷진분수(3)

**분모가 다른 진분수 ÷ 진분수는 ×(곱셈)으로 바꾸어 계산합니다.**

분수÷분수는 ×로 바꾸면 뒤의 분수가
뒤집어 집니다. (분모는 분자자리로,
분자는 분자자리로 갑니다.)
다음은 분수의 곱셈으로 계산합니다.
분수부분을 진분수나 기약분수로 만듭니다.

$$\frac{2}{3} \div \frac{1}{5} = \frac{2}{3} \times \frac{5}{1} = \frac{10}{3} = 3\frac{1}{3}$$

÷를 ×로 바꾸면
분모와 분자의 자리가
바뀝니다.

**아래 나눗셈을 위와 같이 곱셈으로 고쳐서 계산해 보세요.**

**1** $\dfrac{1}{5} \div \dfrac{2}{3} =$

**5** $\dfrac{1}{5} \div \dfrac{5}{6} =$

**2** $\dfrac{2}{5} \div \dfrac{1}{6} =$

**6** $\dfrac{1}{6} \div \dfrac{2}{11} =$

**3** $\dfrac{5}{6} \div \dfrac{2}{7} =$

**7** $\dfrac{3}{8} \div \dfrac{1}{7} =$

**4** $\dfrac{1}{2} \div \dfrac{1}{3} =$

**8** $\dfrac{5}{12} \div \dfrac{1}{5} =$

14 문제 중 ◯ 문제 맞았기!

**9** $\dfrac{1}{12} \div \dfrac{2}{5} =$

**12** $\dfrac{3}{7} \div \dfrac{1}{2} =$

**10** $\dfrac{2}{3} \div \dfrac{3}{4} =$

**13** $\dfrac{2}{3} \div \dfrac{5}{8} =$

**11** $\dfrac{1}{2} \div \dfrac{4}{5} =$

**14** $\dfrac{3}{5} \div \dfrac{1}{2} =$

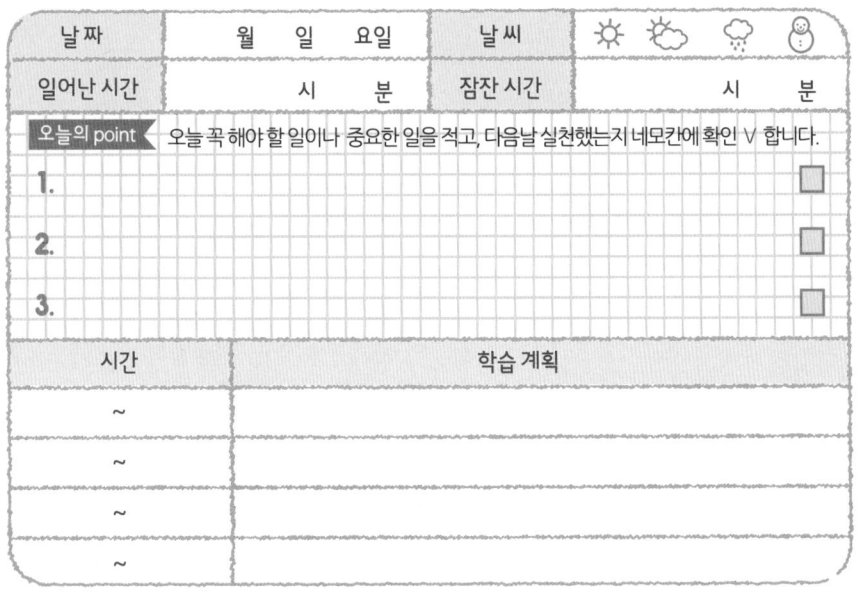

 나의 생활 일기

잘했다고 생각되면 **5**점
어제의 학업 성취도 : **1 2 3 4 5**

| 날짜 | 월   일   요일 | 날씨 | ☀ ☁ ☂ ☃ |
|---|---|---|---|
| 일어난 시간 | 시     분 | 잠잔 시간 | 시     분 |

오늘의 point ◀ 오늘 꼭 해야 할 일이나 중요한 일을 적고, 다음날 실천했는지 네모칸에 확인 V 합니다.

1. ☐
2. ☐
3. ☐

| 시간 | 학습 계획 |
|---|---|
| ~ | |
| ~ | |
| ~ | |
| ~ | |

# O4 진분수÷진분수(4)

**소리내 읽기**

**곱셈으로 바꾸어 계산할 때 약분은 중간에 해도 되고, 마지막에 해도 됩니다.**

분수의 나눗셈을 곱셈으로 바꾸어
계산할 때는 곱셈을 만들고 바로
계산중에 약분을 하는 것이 편합니다.
수가 작아지기 때문입니다.

$$\frac{3}{10} \div \frac{3}{5} = \frac{\overset{1}{\cancel{3}}}{\underset{2}{\cancel{10}}} \times \frac{\overset{1}{\cancel{5}}}{\underset{1}{\cancel{3}}} = \frac{1}{2}$$

$$\frac{3}{10} \div \frac{3}{5} = \frac{3}{10} \times \frac{5}{3} = \frac{\overset{1}{\cancel{15}}}{\underset{2}{\cancel{30}}} = \frac{1}{2}$$

**소리내 풀기**

**아래 나눗셈을 약분에 주의하여 곱셈으로 고쳐서 계산해 보세요.**

**1** $\dfrac{1}{2} \div \dfrac{3}{4} =$

**5** $\dfrac{1}{4} \div \dfrac{5}{6} =$

**2** $\dfrac{2}{15} \div \dfrac{4}{5} =$

**6** $\dfrac{1}{6} \div \dfrac{7}{10} =$

**3** $\dfrac{5}{9} \div \dfrac{5}{6} =$

**7** $\dfrac{3}{8} \div \dfrac{5}{12} =$

**4** $\dfrac{3}{8} \div \dfrac{5}{8} =$

**8** $\dfrac{5}{12} \div \dfrac{6}{15} =$

14 문제 중 　 문제 맞았기!

**9** $\dfrac{7}{25} \div \dfrac{4}{5} =$

**12** $\dfrac{9}{22} \div \dfrac{3}{8} =$

**10** $\dfrac{8}{15} \div \dfrac{3}{20} =$

**13** $\dfrac{27}{56} \div \dfrac{15}{28} =$

**11** $\dfrac{5}{18} \div \dfrac{1}{9} =$

**14** $\dfrac{26}{81} \div \dfrac{13}{54} =$

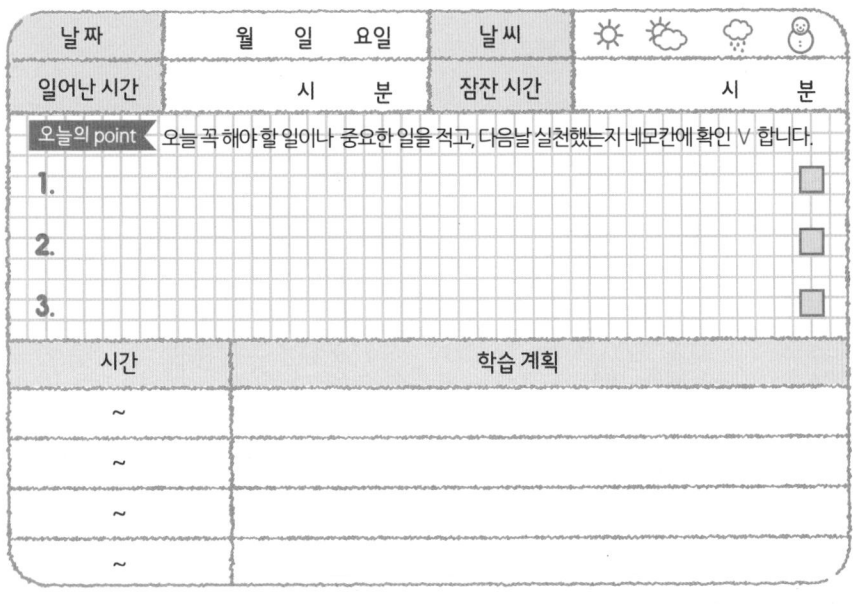

### 나의 생활 일기

잘했다고 생각되면 **5**점
어제의 학업 성취도 :  **1  2  3  4  5**

| 날짜 | 월  일  요일 | 날씨 | ☀  ⛅  🌧  ⛄ |
|---|---|---|---|
| 일어난 시간 | 시     분 | 잠잔 시간 | 시     분 |

오늘의 point ◀ 오늘 꼭 해야 할 일이나 중요한 일을 적고, 다음날 실천했는지 네모칸에 확인 ∨ 합니다.

1. ☐

2. ☐

3. ☐

| 시간 | 학습 계획 |
|---|---|
| ~ | |
| ~ | |
| ~ | |
| ~ | |

 소리내 풀기  아래 나눗셈을 통분하여 계산해 보세요.

**1** $\dfrac{1}{2} \div \dfrac{3}{5} =$

**4** $\dfrac{1}{12} \div \dfrac{5}{6} =$

**2** $\dfrac{3}{4} \div \dfrac{5}{6} =$

**5** $\dfrac{1}{5} \div \dfrac{7}{20} =$

**3** $\dfrac{7}{10} \div \dfrac{3}{4} =$

**6** $\dfrac{5}{6} \div \dfrac{5}{8} =$

 소리내 풀기  아래 나눗셈을 곱셈으로 바꾸어 계산해 보세요.

**7** $\dfrac{1}{2} \div \dfrac{3}{5} =$

**9** $\dfrac{1}{12} \div \dfrac{5}{6} =$

**8** $\dfrac{3}{4} \div \dfrac{5}{6} =$

**10** $\dfrac{1}{5} \div \dfrac{7}{20} =$

16 문제 중  ○ 문제 맞았기!

**11** $\dfrac{3}{4} \div \dfrac{1}{20} =$

**14** $\dfrac{3}{13} \div \dfrac{15}{26} =$

**12** $\dfrac{16}{21} \div \dfrac{4}{7} =$

**15** $\dfrac{7}{20} \div \dfrac{14}{15} =$

**13** $\dfrac{5}{18} \div \dfrac{2}{15} =$

**16** $\dfrac{9}{28} \div \dfrac{6}{21} =$

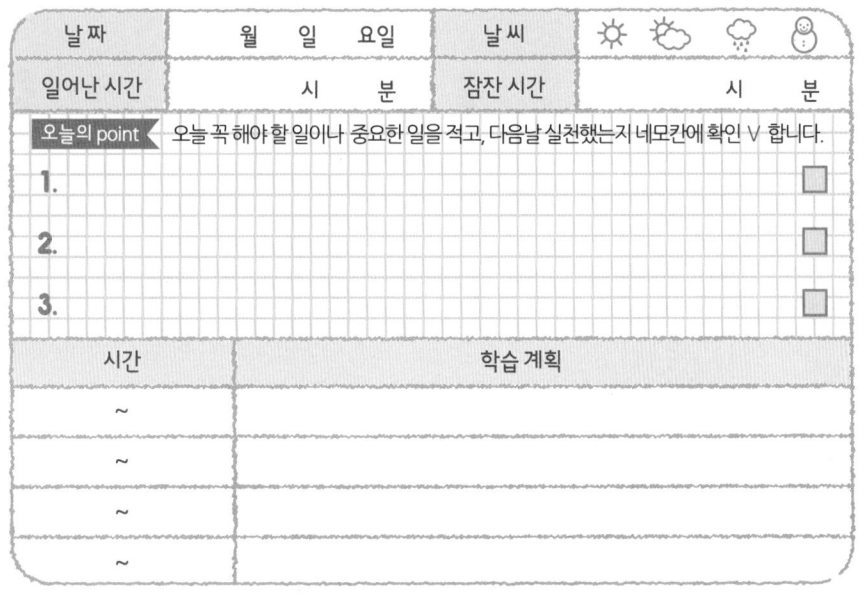

나의 생활 일기

잘했다고 생각되면 **5**점
어제의 학업 성취도 : **1  2  3  4  5**

| 날짜 | 월  일  요일 | 날씨 | ☀ ☁ 🌧 ⛄ |
|------|------|------|------|
| 일어난 시간 | 시     분 | 잠잔 시간 | 시     분 |

| 오늘의 point | 오늘 꼭 해야 할 일이나 중요한 일을 적고, 다음날 실천했는지 네모칸에 확인 ∨ 합니다. | |
|------|------|------|
| 1. | | ☐ |
| 2. | | ☐ |
| 3. | | ☐ |

| 시간 | 학습 계획 |
|------|------|
| ~ | |
| ~ | |
| ~ | |
| ~ | |

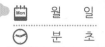

**자연수÷단위분수 $\triangle \div \dfrac{1}{\blacklozenge} = \triangle \times \blacklozenge$ 로 바꾸어 계산합니다.**

$1 \div \dfrac{1}{4} = 1 \times 4 = 4$ ➡ 1에서 $\dfrac{1}{4}$ 을 4번 뺄 수 있습니다.

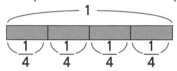

$2 \div \dfrac{1}{4} = 2 \times 4 = 8$

➡ 2에서 $\dfrac{1}{4}$ 을 8번 뺄 수 있습니다.

**앞의 자연수를 뒤의 분수로 몇 번 뺄 수 있는지 계산해 보세요.**

**1** $1 \div \dfrac{1}{5} =$

**6** $1 \div \dfrac{1}{8} =$

**2** $5 \div \dfrac{1}{4} =$

**7** $5 \div \dfrac{1}{7} =$

**3** $5 \div \dfrac{1}{5} =$

**8** $7 \div \dfrac{1}{6} =$

**4** $4 \div \dfrac{1}{3} =$

**9** $4 \div \dfrac{1}{9} =$

**5** $2 \div \dfrac{1}{2} =$

**10** $6 \div \dfrac{1}{10} =$

16 문제 중 　 문제 맞았어!

**11** $3 \div \dfrac{1}{2} =$

**14** $1 \div \dfrac{1}{6} =$

**12** $4 \div \dfrac{1}{5} =$

**15** $5 \div \dfrac{1}{3} =$

**13** $6 \div \dfrac{1}{4} =$

**16** $7 \div \dfrac{1}{4} =$

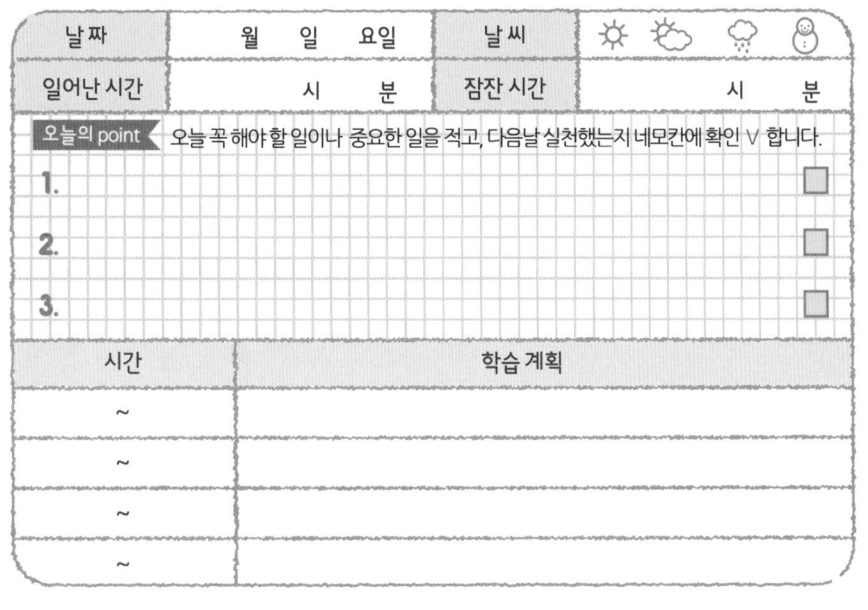

나의 생활 일기

잘했다고 생각되면 **5**점
어제의 학업 성취도 : **1 2 3 4 5**

| 날짜 | 월 일 요일 | 날씨 | ☀ ☁ ☂ ☃ |
|---|---|---|---|
| 일어난 시간 | 시 분 | 잠잔 시간 | 시 분 |

오늘의 point ▶ 오늘 꼭 해야 할 일이나 중요한 일을 적고, 다음날 실천했는지 네모칸에 확인 ∨ 합니다.

1. ☐

2. ☐

3. ☐

| 시간 | 학습 계획 |
|---|---|
| ~ | |
| ~ | |
| ~ | |
| ~ | |

# 07 자연수 ÷ 진분수

**자연수 ÷ 진분수는 ×으로 바꾸어 계산합니다.**

자연수÷분수는 ×로 바꾸면 뒤의 분수가
뒤집어 집니다. (분모는 분자자리로,
분자는 분자자리로 갑니다.)
자연수를 분모가 1인 분수로 생각해서 통분
하여 계산할 수도 있습니다.

$$3 \div \frac{\boxed{2}}{\boxed{5}} = 3 \times \frac{\boxed{5}}{\boxed{2}} = \frac{15}{2} = 7\frac{1}{2}$$

$$3 \div \frac{2}{5} = \frac{3}{1} \div \frac{2}{5} = \frac{15}{5} \div \frac{2}{5}$$

$$= 15 \div 2 = \frac{15}{2} = 7\frac{1}{2}$$

**아래 나눗셈을 위와 같이 곱셈으로 고쳐서 계산해 보세요.**

**1** $1 \div \frac{2}{5} =$

**6** $2 \div \frac{8}{9} =$

**2** $5 \div \frac{2}{5} =$

**7** $5 \div \frac{5}{10} =$

**3** $5 \div \frac{2}{3} =$

**8** $6 \div \frac{9}{10} =$

**4** $4 \div \frac{2}{9} =$

**9** $4 \div \frac{5}{6} =$

**5** $2 \div \frac{3}{4} =$

**10** $9 \div \frac{6}{7} =$

16 문제 중 ○ 문제 맞았기!

**11** $3 \div \dfrac{3}{4} =$

**14** $1 \div \dfrac{5}{6} =$

**12** $4 \div \dfrac{8}{9} =$

**15** $5 \div \dfrac{2}{3} =$

**13** $6 \div \dfrac{5}{12} =$

**16** $7 \div \dfrac{3}{4} =$

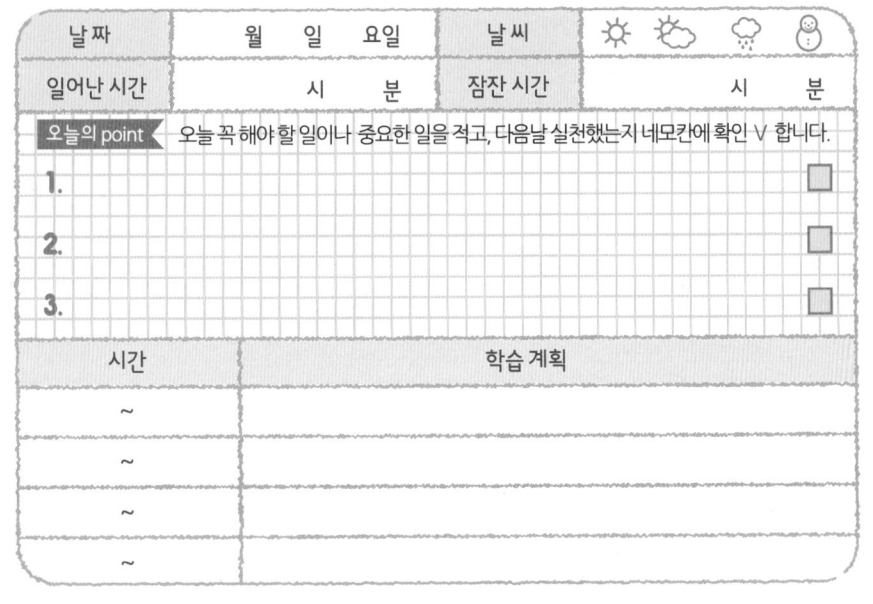

**가분수가 들어간 분수의 나눗셈은 진분수의 나눗셈과 같이 계산합니다.**

곱셈으로 나누어 계산하는 방법과 통분하여 계산하는 방법 2가지가 있습니다. 곱셈으로 바꾸어 바로 약분하는 것이 가장 편합니다.

$$\frac{4}{3} \div \frac{6}{5} = \frac{20}{15} \div \frac{18}{15} = 20 \div 18 = \frac{\overset{10}{20}}{\underset{9}{18}} = 1\frac{1}{9}$$

$$\frac{4}{3} \div \frac{6}{5} = \frac{\overset{2}{4}}{3} \times \frac{5}{\underset{3}{6}} = \frac{10}{9} = 1\frac{1}{9}$$

**아래 나눗셈을 통분하여 계산해 보세요.**

**1** $\dfrac{5}{2} \div \dfrac{5}{4} =$

**4** $\dfrac{10}{9} \div \dfrac{5}{12} =$

**2** $\dfrac{9}{10} \div \dfrac{6}{5} =$

**5** $\dfrac{5}{6} \div \dfrac{15}{14} =$

**3** $\dfrac{7}{4} \div \dfrac{7}{6} =$

**6** $\dfrac{3}{8} \div \dfrac{1}{12} =$

**7** $\dfrac{7}{5} \div \dfrac{14}{9} =$

**9** $\dfrac{9}{22} \div \dfrac{3}{8} =$

**8** $\dfrac{8}{15} \div \dfrac{3}{20} =$

**10** $\dfrac{27}{56} \div \dfrac{15}{28} =$

**나의 생활 일기**

잘했다고 생각되면 **5**점
어제의 학업 성취도 : **1   2   3   4   5**

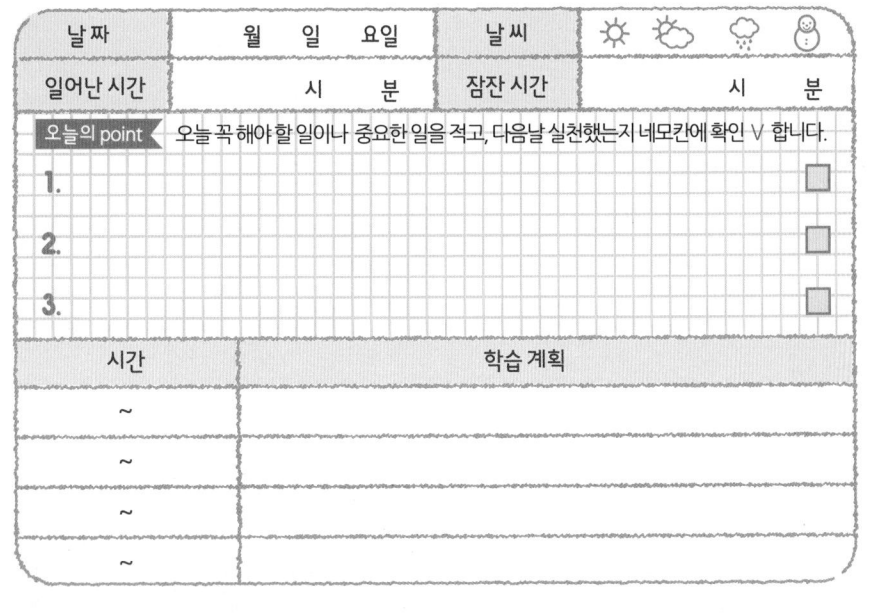

| 날짜 | 월   일   요일 | 날씨 | ☼  ☁  ☂  ☃ |
|------|------|------|------|
| 일어난 시간 | 시        분 | 잠잔 시간 | 시        분 |

오늘의 point ▶ 오늘 꼭 해야 할 일이나 중요한 일을 적고, 다음날 실천했는지 네모칸에 확인 ∨ 합니다.

1. ☐

2. ☐

3. ☐

| 시간 | 학습 계획 |
|------|------|
| ~ | |
| ~ | |
| ~ | |
| ~ | |

# 09 가분수의 나눗셈(2)

**가분수가 들어간 분수의 나눗셈은 진분수의 나눗셈과 같이 계산합니다.**

곱셈으로 나누어 계산하는 방법과 통분하여 계산하는 방법 2가지가 있습니다. 곱셈으로 바꾸어 바로 약분하는 것이 가장 편합니다.

$$\frac{4}{3} \div \frac{6}{5} = \frac{20}{15} \div \frac{18}{15} = 20 \div 18 = \frac{\overset{10}{20}}{\underset{9}{18}} = 1\frac{1}{9}$$

$$\frac{4}{3} \div \frac{6}{5} = \frac{4^2}{3} \times \frac{5}{6_3} = \frac{10}{9} = 1\frac{1}{9}$$

**아래 나눗셈을 곱셈을 이용하여 계산해 보세요.**

**1** $\dfrac{5}{2} \div \dfrac{5}{4} =$

**5** $\dfrac{10}{9} \div \dfrac{5}{12} =$

**2** $\dfrac{9}{10} \div \dfrac{6}{5} =$

**6** $\dfrac{5}{6} \div \dfrac{15}{14} =$

**3** $\dfrac{7}{4} \div \dfrac{7}{6} =$

**7** $\dfrac{3}{8} \div \dfrac{1}{12} =$

**4** $\dfrac{1}{8} \div \dfrac{1}{12} =$

**8** $\dfrac{7}{12} \div \dfrac{14}{9} =$

14 문제 중 ◯ 문제 맞았어!

**9** $\dfrac{6}{5} \div \dfrac{12}{5} =$    **12** $\dfrac{9}{2} \div \dfrac{13}{2} =$

**10** $\dfrac{16}{15} \div \dfrac{8}{5} =$    **13** $\dfrac{25}{18} \div \dfrac{15}{9} =$

**11** $\dfrac{15}{8} \div \dfrac{21}{4} =$    **14** $\dfrac{63}{32} \div \dfrac{27}{20} =$

 나의 생활 일기

어제의 학업 성취도: **1** **2** **3** **4** **5**

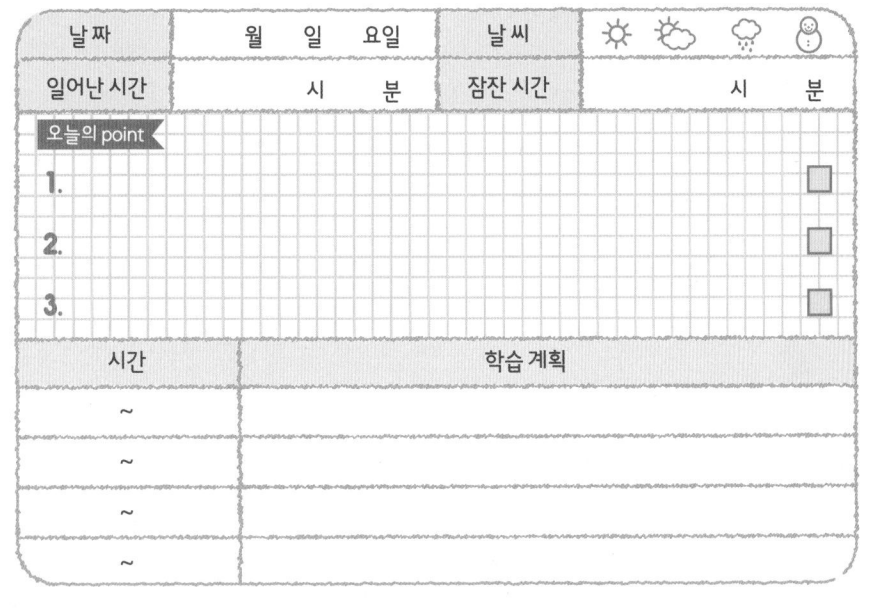

18

아래 나눗셈을 통분하여 계산해 보세요.

**1** $\dfrac{15}{2} \div \dfrac{5}{4} =$

**4** $\dfrac{11}{12} \div \dfrac{5}{3} =$

**2** $\dfrac{3}{8} \div \dfrac{9}{4} =$

**5** $\dfrac{6}{15} \div \dfrac{3}{5} =$

**3** $\dfrac{7}{6} \div \dfrac{5}{12} =$

**6** $\dfrac{5}{6} \div \dfrac{5}{4} =$

아래 나눗셈을 곱셈으로 바꾸어 계산해 보세요.

**7** $\dfrac{15}{2} \div \dfrac{5}{4} =$

**9** $\dfrac{11}{12} \div \dfrac{5}{3} =$

**8** $\dfrac{3}{8} \div \dfrac{9}{4} =$

**10** $\dfrac{6}{15} \div \dfrac{3}{5} =$

16 문제 중    문제 맞았어!

**11** $\dfrac{4}{21} \div \dfrac{8}{7} =$

**14** $\dfrac{25}{33} \div \dfrac{35}{33} =$

**12** $\dfrac{25}{18} \div \dfrac{25}{6} =$

**15** $\dfrac{36}{7} \div \dfrac{26}{21} =$

**13** $\dfrac{16}{3} \div \dfrac{14}{9} =$

**16** $\dfrac{15}{32} \div \dfrac{25}{18} =$

 나의 생활 일기

어제의 학업 성취도 : **1** **2** **3** **4** **5**

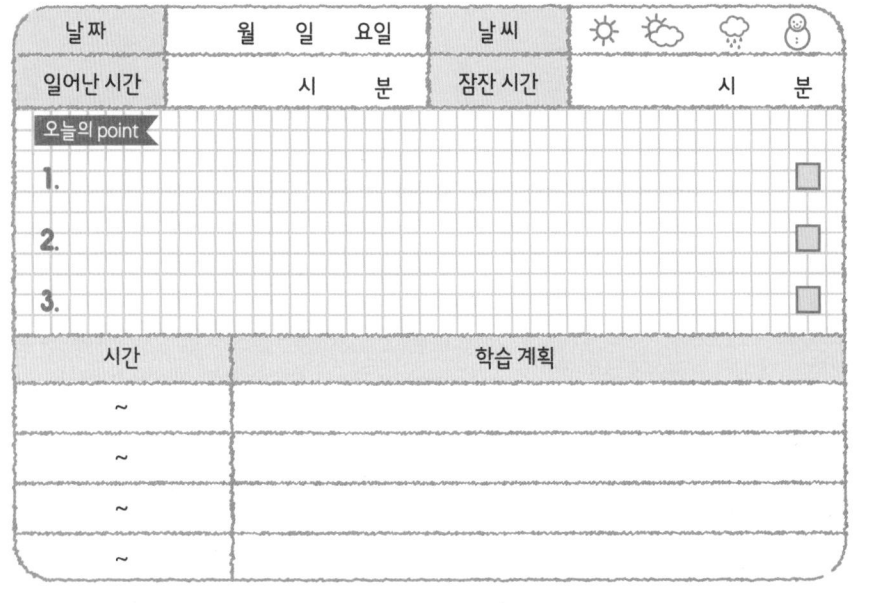

| 날짜 | 월 일 요일 | 날씨 | ☼ ☁ 🌧 ⛄ |
|---|---|---|---|
| 일어난 시간 | 시 분 | 잠잔 시간 | 시 분 |

오늘의 point

1. ☐

2. ☐

3. ☐

| 시간 | 학습 계획 |
|---|---|
| ~ | |
| ~ | |
| ~ | |
| ~ | |

# 11 대분수의 나눗셈(1)

| Mon | 월 | 일 |
|---|---|---|
| 🕐 | 분 | 초 |

**대분수가 들어간 분수의 나눗셈은 대분수를 가분수로 고쳐 계산합니다.**

역시 곱셈으로 바꾸는 방법과 통분하여 계산하는 방법 2가지가 있습니다.

$$1\frac{1}{3} \div \frac{6}{5} = \frac{4}{3} \div \frac{6}{5} = \frac{20}{15} \div \frac{18}{15} = 20 \div 18 = \frac{\overset{10}{20}}{\underset{9}{18}} = \frac{10}{9} = 1\frac{1}{9}$$

$$1\frac{1}{3} \div \frac{6}{5} = \frac{4}{3} \div \frac{6}{5} = \frac{\overset{2}{4}}{3} \times \frac{5}{\underset{3}{6}} = \frac{10}{9} = 1\frac{1}{9}$$

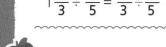

**아래 나눗셈을 통분하여 계산해 보세요.**

**1** $1\frac{1}{4} \div \frac{5}{2} =$

**4** $\frac{10}{9} \div 2\frac{2}{3} =$

**2** $2\frac{7}{10} \div \frac{3}{5} =$

**5** $\frac{5}{6} \div 1\frac{2}{3} =$

**3** $2\frac{1}{4} \div \frac{15}{16} =$

**6** $\frac{3}{8} \div 2\frac{1}{4} =$

🚗 10 문제 중 ⭕ 문제 맞았어!

**7** $1\dfrac{1}{6} \div \dfrac{7}{9} =$

**9** $\dfrac{5}{4} \div 2\dfrac{1}{7} =$

**8** $2\dfrac{2}{9} \div \dfrac{10}{21} =$

**10** $\dfrac{3}{4} \div 1\dfrac{1}{8} =$

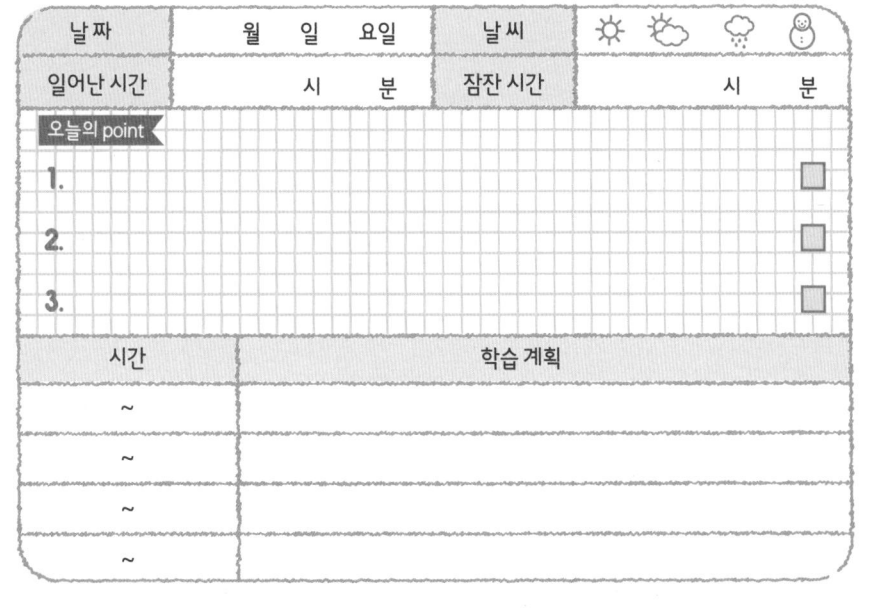

 나의 생활 일기

어제의 학업 성취도 : **1  2  3  4  5**

| 날 짜 | 월    일    요일 | 날 씨 |  |
|---|---|---|---|
| 일어난 시간 | 시    분 | 잠잔 시간 | 시    분 |

**오늘의 point**

1. ☐
2. ☐
3. ☐

| 시간 | 학습 계획 |
|---|---|
| ~ | |
| ~ | |
| ~ | |
| ~ | |

# 12 대분수의 나눗셈(2)

 **대분수가 들어간 분수의 나눗셈은 대분수를 가분수로 고쳐 계산합니다.**

가분수로 바꾸어 곱셈식으로 만든 후 바로 약분하여 계산하는 것이 편합니다.

$$1\frac{1}{3} \div \frac{6}{5} = \frac{4}{3} \div \frac{6}{5} = \frac{20}{15} \div \frac{18}{15} = 20 \div 18 = \frac{\overset{10}{\cancel{20}}}{\underset{9}{\cancel{18}}} = \frac{10}{9} = 1\frac{1}{9}$$

$$1\frac{1}{3} \div \frac{6}{5} = \frac{4}{3} \div \frac{6}{5} = \frac{\overset{2}{\cancel{4}}}{3} \times \frac{5}{\underset{3}{\cancel{6}}} = \frac{10}{9} = 1\frac{1}{9}$$

 **아래 나눗셈을 곱셈을 이용하여 계산하세요.**

**1** $1\frac{1}{4} \div \frac{5}{2} =$

**5** $\frac{10}{9} \div 2\frac{2}{3} =$

**2** $2\frac{7}{10} \div \frac{3}{5} =$

**6** $\frac{5}{6} \div 1\frac{2}{3} =$

**3** $2\frac{1}{4} \div \frac{15}{16} =$

**7** $\frac{3}{8} \div 2\frac{1}{4} =$

**4** $1\frac{1}{8} \div \frac{9}{16} =$

**8** $\frac{7}{18} \div 1\frac{5}{9} =$

**9** $1\dfrac{1}{6} \div \dfrac{7}{9} =$

**11** $\dfrac{5}{4} \div 2\dfrac{1}{7} =$

**10** $2\dfrac{2}{9} \div \dfrac{10}{21} =$

**12** $\dfrac{3}{4} \div 1\dfrac{1}{8} =$

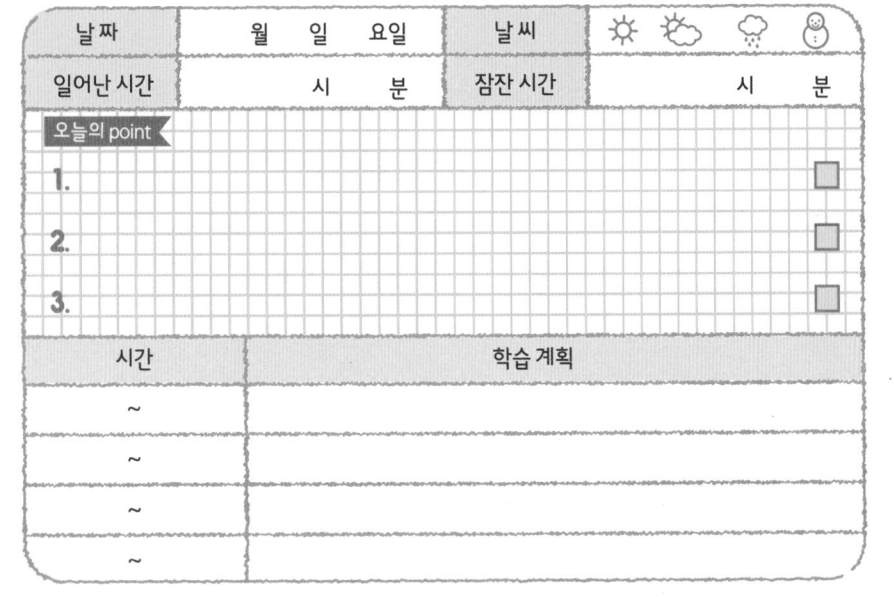

나의 생활 일기

어제의 학업 성취도 : **1  2  3  4  5**

| 날짜 | 월  일  요일 | 날씨 |  |
|---|---|---|---|
| 일어난 시간 | 시    분 | 잠잔 시간 | 시    분 |

오늘의 point

1. ☐

2. ☐

3. ☐

| 시간 | 학습 계획 |
|---|---|
| ~ | |
| ~ | |
| ~ | |
| ~ | |

# 13 대분수의 나눗셈(연습)

 **소리내 풀기** 아래 나눗셈을 통분하여 계산해 보세요.

**1** $2\dfrac{1}{2} \div \dfrac{1}{3} =$

**4** $\dfrac{7}{12} \div 2\dfrac{1}{3} =$

**2** $2\dfrac{2}{5} \div \dfrac{3}{10} =$

**5** $\dfrac{10}{7} \div 1\dfrac{1}{14} =$

**3** $2\dfrac{1}{12} \div \dfrac{5}{6} =$

**6** $\dfrac{5}{6} \div 1\dfrac{1}{4} =$

 **소리내 풀기** 아래 나눗셈을 곱셈으로 바꾸어 계산해 보세요.

**7** $2\dfrac{1}{2} \div \dfrac{1}{3} =$

**9** $\dfrac{5}{12} \div 2\dfrac{2}{3} =$

**8** $2\dfrac{2}{5} \div \dfrac{6}{7} =$

**10** $\dfrac{10}{7} \div 1\dfrac{1}{14} =$

14 문제 중 ◯ 문제 맞았기!

**11** $3\dfrac{1}{2} \div \dfrac{7}{8} =$

**13** $\dfrac{3}{10} \div 2\dfrac{2}{5} =$

**12** $4\dfrac{1}{6} \div \dfrac{35}{36} =$

**14** $\dfrac{16}{21} \div 1\dfrac{1}{7} =$

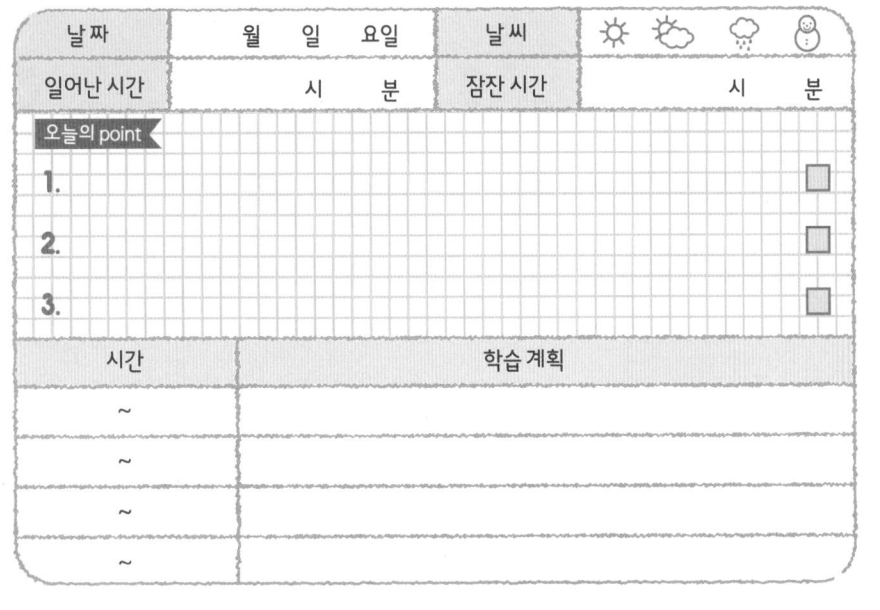

### 나의 생활 일기

어제의 학업 성취도 : **1  2  3  4  5**

| 날짜 | 월   일   요일 | 날씨 | ☀ ⛅ ☁ ☃ |
|---|---|---|---|
| 일어난 시간 | 시   분 | 잠잔 시간 | 시   분 |

오늘의 point

1. ☐
2. ☐
3. ☐

| 시간 | 학습 계획 |
|---|---|
| ~ | |
| ~ | |
| ~ | |
| ~ | |

아래 나눗셈을 통분하여 계산해 보세요.

**1** $\dfrac{2}{3} \div \dfrac{5}{6} =$

**3** $\dfrac{3}{5} \div \dfrac{3}{15} =$

**2** $\dfrac{3}{4} \div \dfrac{1}{3} =$

**4** $\dfrac{11}{12} \div \dfrac{5}{6} =$

아래 나눗셈을 곱셈으로 바꾸어 계산해 보세요.

**5** $\dfrac{2}{9} \div \dfrac{5}{9} =$

**8** $\dfrac{2}{3} \div \dfrac{5}{6} =$

**6** $\dfrac{3}{4} \div \dfrac{5}{4} =$

**9** $\dfrac{1}{4} \div \dfrac{1}{2} =$

**7** $\dfrac{3}{10} \div \dfrac{3}{5} =$

**10** $\dfrac{2}{5} \div \dfrac{4}{9} =$

16문제 중 ◯ 문제 맞았어!

**11** $\dfrac{1}{4} \div \dfrac{3}{8} =$　　　**14** $\dfrac{3}{12} \div \dfrac{3}{4} =$

**12** $\dfrac{2}{3} \div \dfrac{8}{15} =$　　　**15** $\dfrac{5}{6} \div \dfrac{5}{8} =$

**13** $\dfrac{8}{15} \div \dfrac{4}{5} =$　　　**16** $\dfrac{3}{10} \div \dfrac{1}{2} =$

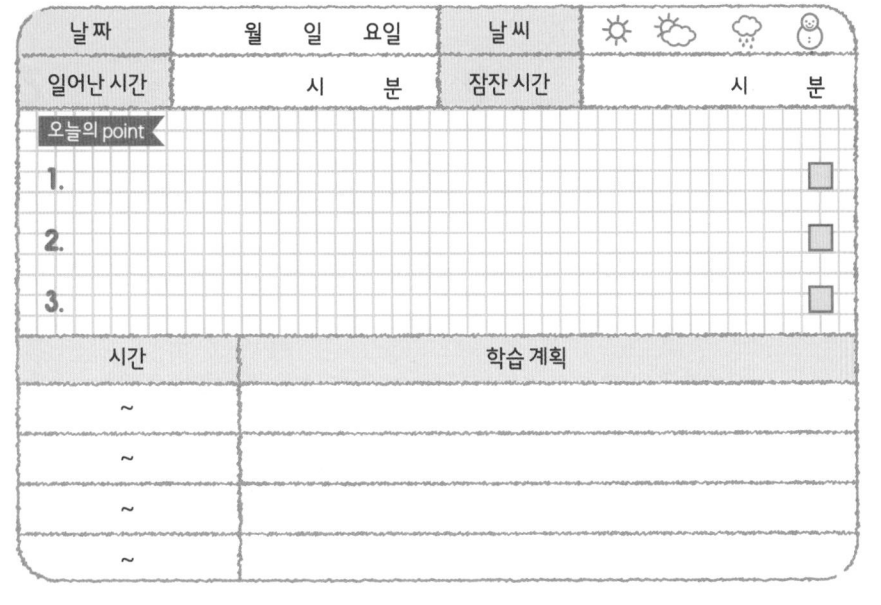

나의 생활 일기

어제의 학업 성취도 : **1  2  3  4  5**

| 날짜 | 월　일　요일 | 날씨 | ☀ ☁ 🌧 ⛄ |
|---|---|---|---|
| 일어난 시간 | 시　　분 | 잠잔 시간 | 시　　분 |

오늘의 point

1.　　　　　　　　　　　　　　　　　□

2.　　　　　　　　　　　　　　　　　□

3.　　　　　　　　　　　　　　　　　□

| 시간 | 학습 계획 |
|---|---|
| ～ | |
| ～ | |
| ～ | |
| ～ | |

 아래 나눗셈을 통분하여 계산해 보세요.

**1** $\dfrac{3}{2} \div \dfrac{5}{4} =$

**3** $\dfrac{3}{10} \div \dfrac{9}{5} =$

**2** $\dfrac{7}{6} \div \dfrac{5}{3} =$

**4** $\dfrac{9}{8} \div \dfrac{9}{4} =$

 아래 나눗셈을 곱셈으로 바꾸어 계산해 보세요.

**5** $\dfrac{15}{2} \div \dfrac{5}{2} =$

**8** $\dfrac{19}{12} \div \dfrac{17}{12} =$

**6** $\dfrac{15}{8} \div \dfrac{9}{8} =$

**9** $\dfrac{11}{6} \div \dfrac{22}{9} =$

**7** $\dfrac{15}{8} \div \dfrac{15}{4} =$

**10** $\dfrac{10}{3} \div \dfrac{6}{5} =$

16 문제 중 ◯ 문제 맞았어!

**11** $\dfrac{15}{4} \div \dfrac{3}{8} =$

**14** $\dfrac{16}{7} \div \dfrac{8}{5} =$

**12** $\dfrac{16}{5} \div \dfrac{8}{15} =$

**15** $\dfrac{15}{6} \div \dfrac{5}{4} =$

**13** $\dfrac{8}{3} \div \dfrac{14}{9} =$

**16** $\dfrac{21}{16} \div \dfrac{7}{8} =$

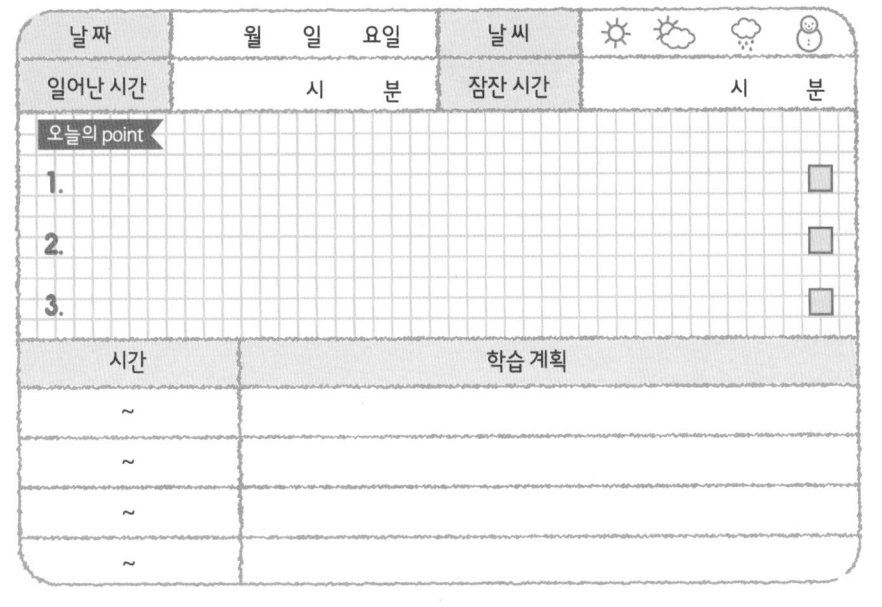

나의 생활 일기

어제의 학업 성취도 : **1** **2** **3** **4** **5**

| 날짜 | 월   일   요일 | 날씨 | ☀ ☁ 🌧 ⛄ |
|---|---|---|---|
| 일어난 시간 | 시   분 | 잠잔 시간 | 시   분 |

오늘의 point

1. ☐

2. ☐

3. ☐

| 시간 | 학습 계획 |
|---|---|
| ~ | |
| ~ | |
| ~ | |
| ~ | |

 소리내 풀기

아래 나눗셈을 통분하여 계산해 보세요.

**1** $2\dfrac{1}{4} \div \dfrac{1}{2} =$

**3** $\dfrac{5}{6} \div 3\dfrac{1}{3} =$

**2** $2\dfrac{2}{6} \div \dfrac{7}{9} =$

**4** $\dfrac{9}{10} \div 1\dfrac{4}{5} =$

 소리내 풀기

아래 나눗셈을 곱셈으로 바꾸어 계산해 보세요.

**5** $2\dfrac{2}{3} \div \dfrac{4}{3} =$

**8** $\dfrac{15}{16} \div 2\dfrac{3}{16} =$

**6** $1\dfrac{1}{15} \div \dfrac{2}{5} =$

**9** $\dfrac{9}{14} \div 1\dfrac{1}{2} =$

**7** $2\dfrac{2}{5} \div \dfrac{6}{15} =$

**10** $\dfrac{11}{6} \div 1\dfrac{1}{4} =$

14 문제 중 ◯ 문제 맞았어!

**11** $3\dfrac{1}{5} \div \dfrac{8}{35} =$

**13** $\dfrac{4}{21} \div 3\dfrac{1}{7} =$

**12** $5\dfrac{4}{9} \div \dfrac{7}{3} =$

**14** $\dfrac{5}{18} \div 4\dfrac{1}{6} =$

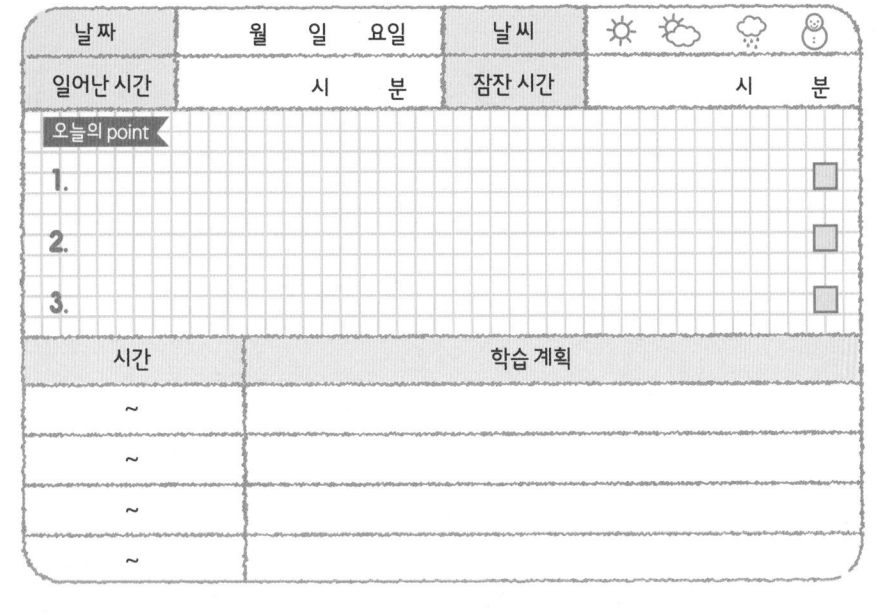

나의 생활 일기

어제의 학업 성취도 : **1  2  3  4  5**

| 날짜 | 월   일   요일 | 날씨 | ☀ ⛅ ☂ ☃ |
|---|---|---|---|
| 일어난 시간 | 시      분 | 잠잔 시간 | 시      분 |

오늘의 point

1. ☐

2. ☐

3. ☐

| 시간 | 학습 계획 |
|---|---|
| ~ | |
| ~ | |
| ~ | |
| ~ | |

 소리내 풀기

아래 나눗셈을 계산해 보세요.

**1** $\dfrac{1}{4} \div \dfrac{3}{4} =$

**6** $\dfrac{8}{3} \div \dfrac{32}{9} =$

**2** $\dfrac{3}{8} \div \dfrac{5}{8} =$

**7** $\dfrac{21}{20} \div \dfrac{3}{5} =$

**3** $\dfrac{5}{6} \div \dfrac{5}{12} =$

**8** $\dfrac{21}{6} \div \dfrac{9}{4} =$

**4** $\dfrac{7}{5} \div \dfrac{14}{15} =$

**9** $\dfrac{9}{35} \div \dfrac{15}{14} =$

**5** $\dfrac{21}{32} \div \dfrac{35}{40} =$

**10** $\dfrac{15}{14} \div \dfrac{21}{8} =$

14 문제 중 ◯ 문제 맞혔어!

33

**11** $4\dfrac{1}{5} \div \dfrac{7}{15} =$

**13** $\dfrac{2}{15} \div 3\dfrac{1}{9} =$

**12** $5\dfrac{5}{8} \div \dfrac{5}{16} =$

**14** $\dfrac{7}{18} \div 4\dfrac{2}{3} =$

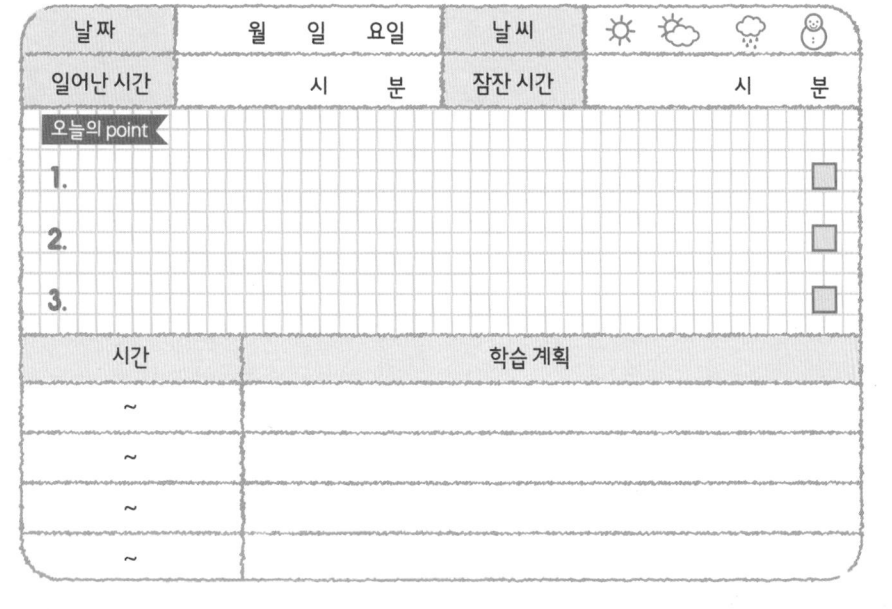

나의 생활 일기

어제의 학업 성취도 : **1  2  3  4  5**

| 날짜 | 월   일   요일 | 날씨 | ☀ ☁ 🌧 ⛄ |
|---|---|---|---|
| 일어난 시간 | 시      분 | 잠잔 시간 | 시      분 |

오늘의 point

1. ☐

2. ☐

3. ☐

| 시간 | 학습 계획 |
|---|---|
| ~ | |
| ~ | |
| ~ | |
| ~ | |

# 18 분수의 나눗셈(연습5)

 아래 나눗셈을 계산해 보세요.

**1** $\dfrac{5}{6} \div \dfrac{1}{2} =$

**6** $\dfrac{5}{7} \div \dfrac{11}{8} =$

**2** $\dfrac{1}{2} \div \dfrac{5}{4} =$

**7** $\dfrac{3}{10} \div \dfrac{9}{8} =$

**3** $\dfrac{2}{15} \div \dfrac{2}{3} =$

**8** $\dfrac{21}{20} \div \dfrac{14}{15} =$

**4** $\dfrac{4}{9} \div \dfrac{7}{12} =$

**9** $\dfrac{5}{16} \div \dfrac{25}{14} =$

**5** $\dfrac{25}{6} \div \dfrac{15}{2} =$

**10** $\dfrac{3}{16} \div \dfrac{7}{12} =$

14 문제 중 ◯ 문제 맞았기!

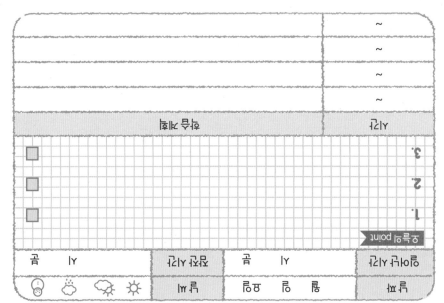

나의 생활 일기

아빠의 하루 칭찬도: 1 2 3 4 5

| 날짜 | 월 일 요일 | 날씨 | ☀ ⛈ ☁ ☻ |
| 일어난 시간 | 시 분 | 잠잔 시간 | 시 분 |

오늘의 point

1. ☐
2. ☐
3. ☐

| 시간 | 하루 계획 |
| --- | --- |
| ~ | |
| ~ | |
| ~ | |
| ~ | |

11 $2\frac{5}{7} \div \frac{7}{16} =$

12 $4\frac{2}{7} \div \frac{25}{14} =$

13 $3\frac{4}{21} \div 3\frac{1}{5} =$

14 $1\frac{5}{21} \div 1\frac{4}{21} =$

# 19 소수 한 자리 수의 나눗셈(1)

소리내 읽기

## 3.6 ÷ 0.6의 계산

3.6과 0.6을 10배씩 곱하여 자연수로 만듭니다.
(두 수 모두 소수점을 똑같이 오른쪽으로 **한** 자리씩
옮겨서 모두 자연수로 만듭니다.)
36÷6=6이므로 3.6÷0.6=6이 됩니다.
곱하는 수와 나누는 수에 같은 수를 곱한 후 나누어도
몫은 변하지 않습니다. (몫의 소수점의 자리는 같습니다.)

$$3.6 \div 0.6 = 36 \div 6 = 6$$
10배   10배

나눗셈의 두 수에 똑같이
10배, 100배 곱하여 나눈 몫은
항상 같습니다.

소리내 풀기

## 소수점의 자리를 옮겨 자연수의 나눗셈으로 고쳐 계산해 보세요.

**1** 4 ÷ 2 =

**7** 14 ÷ 7 =

**2** 0.4 ÷ 0.2 =

**8** 1.4 ÷ 0.7 =

**3** 0.04 ÷ 0.02 =

**9** 0.14 ÷ 0.07 =

**4** 24 ÷ 3 =

**10** 56 ÷ 8 =

**5** 2.4 ÷ 0.3 =

**11** 5.6 ÷ 0.8 =

**6** 0.24 ÷ 0.03 =

**12** 0.56 ÷ 0.08 =

20문제 중 　 문제 맞힘!

**13** $48 \div 4 =$

**17** $240 \div 20 =$

**14** $4.8 \div 0.4 =$

**18** $0.24 \div 0.02 =$

**15** $36 \div 3 =$

**19** $24 \div 2 =$

**16** $3.6 \div 0.3 =$

**20** $24000 \div 2000 =$

 나의 생활 일기

어제의 학업 성취도 : **1  2  3  4  5**

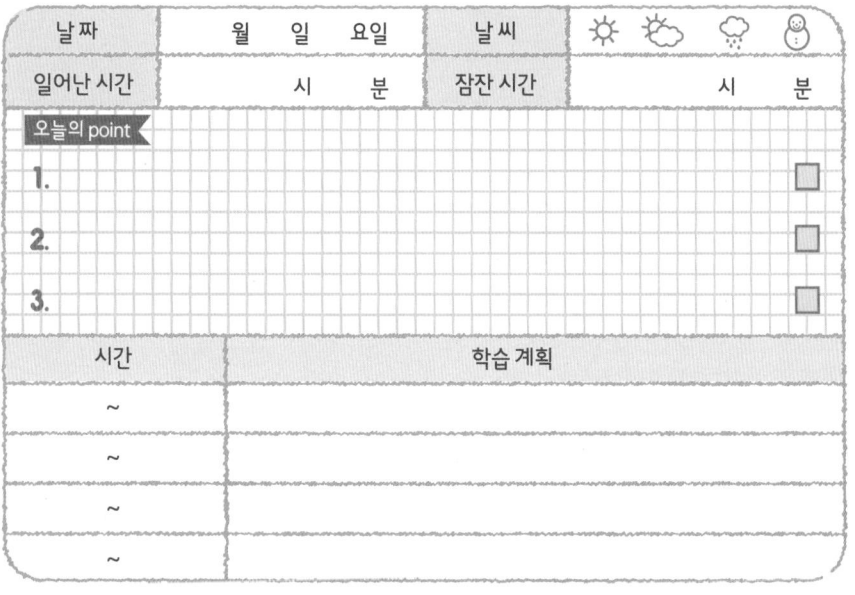

| 날 짜 | 월    일    요일 | 날 씨 |  |
|---|---|---|---|
| 일어난 시간 | 시    분 | 잠잔 시간 | 시    분 |

오늘의 point

1. ☐

2. ☐

3. ☐

| 시간 | 학습 계획 |
|---|---|
| ~ | |
| ~ | |
| ~ | |
| ~ | |

# 20 소수 한 자리수의 나눗셈(2)

### 3.6 ÷ 1.5의 계산

3.6과 1.5를 10배씩 곱하여 36과 15의 몫과
나머지를 구합니다.
(두 수 모두 소수점을 똑같이 오른쪽으로 한 자리씩
옮겨서 모두 자연수로 만듭니다.)
36÷15의 몫인 2.4가 3.6÷1.5의 몫입니다.
반드시 나누는 수와 나눠지는 수 모두 똑같이 옮겨야 합니다.

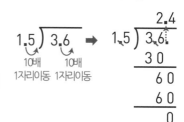

 **소수점의 자리를 옮겨 자연수의 나눗셈으로 고쳐 계산해 보세요.**

**1**

$$1.8 \overline{)2.7}$$

**3**

$$1.4 \overline{)6.3}$$

**5**

$$3.6 \overline{)16.2}$$

**2**

$$2.5 \overline{)9.5}$$

**4**

$$3.5 \overline{)4.9}$$

**6**

$$4.3 \overline{)21.5}$$

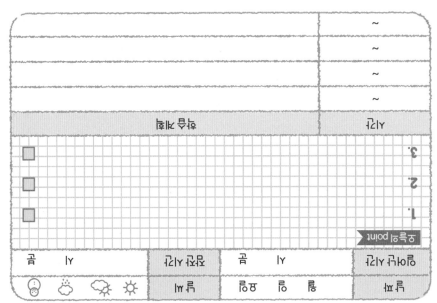

나의 생활 일기

아침의 기분 상쾌도: 1 2 3 4 5

| 날짜 | 월 일 | 요일 | 날씨 | | | |
|---|---|---|---|---|---|---|
| 일어난 시간 | 시 분 | 잠잔 시간 | 시 분 | | | |

오늘의 point

1.

2.

3.

| 시간 | 하루 계획 |
|---|---|
| ~ | |
| ~ | |
| ~ | |
| ~ | |

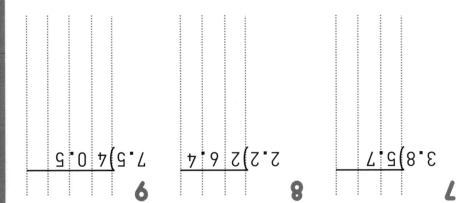

**7**

$3.8\overline{)5.7}$

**8**

$2.2\overline{)2\,6.4}$

**9**

$7.5\overline{)4\,0.5}$

# 21 소수 한 자리 수의 나눗셈(3)

**소리내 읽기**

### 36 ÷ 1.5의 계산

36과 1.5를 10배씩 곱하여 360과 15의 몫과
나머지를 구합니다.
(두 수 모두 소수점을 똑같이 오른쪽으로 한 자리씩
옮겨서 모두 자연수로 만듭니다.)
360÷15의 몫인 24가 3.6÷15의 몫입니다.
36에 10배를 하면 360입니다.

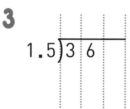

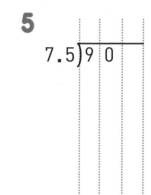

자리를 옮긴자리에
∧표시를 하기도합니다.

---

**소리내 풀기** 소수점의 자리를 옮겨 자연수의 나눗셈으로 고쳐 계산해 보세요.

**1**

$$1.8 \overline{)2\,7}$$

**3**

$$1.5 \overline{)3\,6}$$

**5**

$$7.5 \overline{)9\,0}$$

**2**

$$2.5 \overline{)9\,5}$$

**4**

$$3.5 \overline{)2\,8}$$

**6**

$$6.8 \overline{)3\,4}$$

9 문제 중 ◯ 문제 맞았어!

41

**7**

$$1.4 \overline{)21}$$

**8**

$$2.5 \overline{)45}$$

**9**

$$4.5 \overline{)63}$$

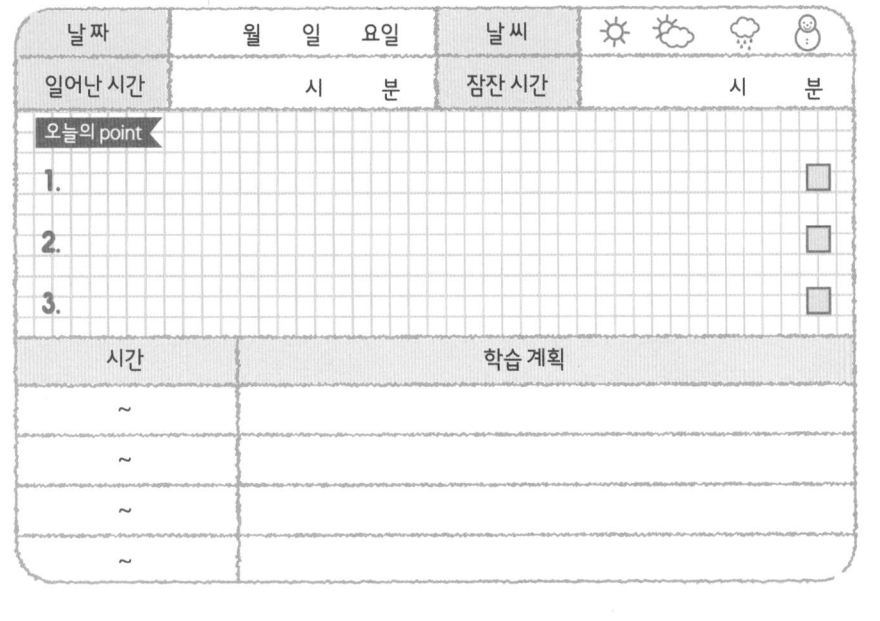

## 나의 생활 일기

어제의 학업 성취도 : **1  2  3  4  5**

| 날짜 | 월   일   요일 | 날씨 | ☀ ☁ ☂ ☃ |
|------|------------|------|---------|
| 일어난 시간 | 시      분 | 잠잔 시간 | 시      분 |

**오늘의 point**

1. ☐

2. ☐

3. ☐

| 시간 | 학습 계획 |
|------|----------|
| ~ | |
| ~ | |
| ~ | |
| ~ | |

### 3.7 ÷ 1.5의 계산(자연수의 몫구하기)

3.7과 1.5를 10배씩 곱하여 37과 15의 자연수
까지 몫과 나머지를 구합니다.

37÷15의 몫인 2가 3.6÷15의 몫이 되고,
나머지는 원래의 소수점을 그대로 내려와
0.7이 3.7÷1.5의 나머지가 됩니다.

$$\begin{array}{r} 2 \\ 1.5\overline{)3.7.} \\ \underline{3\ 0} \\ 0.7 \end{array}$$

> 소수의 나눗셈에서 **나머지**는
> 원래 나누는 수의 소수점자리를
> 그대로 받아옵니다.

$3.7 ÷ 1.5 = 2 ... 0.7$

## 아래 나눗셈의 몫을 자연수까지만 구하고, 나머지도 구하세요.

**1**
$$2.7\overline{)3\ 6.4}$$

**3**
$$2.4\overline{)6\ 5.3}$$

**5**
$$1.9\overline{)3\ 6}$$

**2**
$$1.4\overline{)3\ 6.2}$$

**4**
$$0.8\overline{)5\ 1.5}$$

**6**
$$6.1\overline{)3\ 4}$$

**9**    4.2 ) 5 1

**8**    3.2 ) 3 4.3

**7**    1.5 ) 3 1 4

---

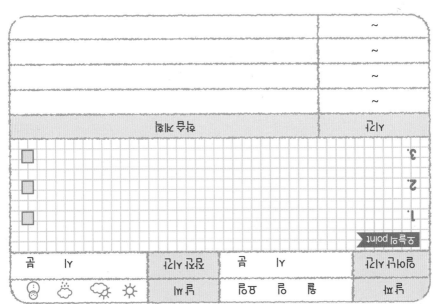

## 나의 생활 일기

어제의 학업 성취도: 1 2 3 4 5

| 날짜 | 월 일 요일 | 날씨 ☀ ⛅ ☁ ❄ |
|---|---|---|
| 영어 공부 시간 | 시 분 | 잠잔 시간 | 시 분 |

**오늘의 point**

1. ☐
2. ☐
3. ☐

| 시간 | 학습 계획 |
|---|---|
| ~ | |
| ~ | |
| ~ | |
| ~ | |

44

### 3.7 ÷ 1.5의 계산

3.7과 1.5를 10배씩 곱하여 37과 15의 몫과
나머지를 구합니다.

37÷15의 몫인 24가 3.6÷15의 몫이 되고,
나머지는 원래의 소수점을 그대로 내려와
0.7이 3.7÷1.5의 나머지가 됩니다.

```
         2 4
   1.5 ) 3 7
         3 0
         0 7
```

소수의 나눗셈에서 **나머지**는
원래 나누는 수의 소수점을
그대로 받아옵니다.

3.7÷1.5 = 2.4...0.7

아래 나눗셈의 몫을 자연수까지만 구하고, 나머지도 구하세요.

**1**

```
2.7 ) 3 6.4
```

**3**

```
2.4 ) 6 5.3
```

**5**

```
1.9 ) 3 6
```

**2**

```
1.4 ) 3 6.2
```

**4**

```
0.8 ) 5 1.5
```

**6**

```
1.8 ) 3 4
```

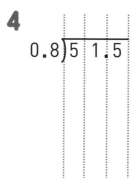
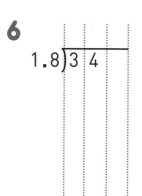

9 문제 중 ◯ 문제 맞았기!

**7**  1.7$\overline{)2\,8}$

**8**  2.7$\overline{)3\,1}$

**9**  3.3$\overline{)5\,0}$

 나의 생활 일기

어제의 학업 성취도 : **1  2  3  4  5**

| 날짜 | 월  일  요일 | 날씨 |  |
|---|---|---|---|
| 일어난 시간 | 시    분 | 잠잔 시간 | 시    분 |

**오늘의 point**

1. ☐

2. ☐

3. ☐

| 시간 | 학습 계획 |
|---|---|
| ~ | |
| ~ | |
| ~ | |
| ~ | |

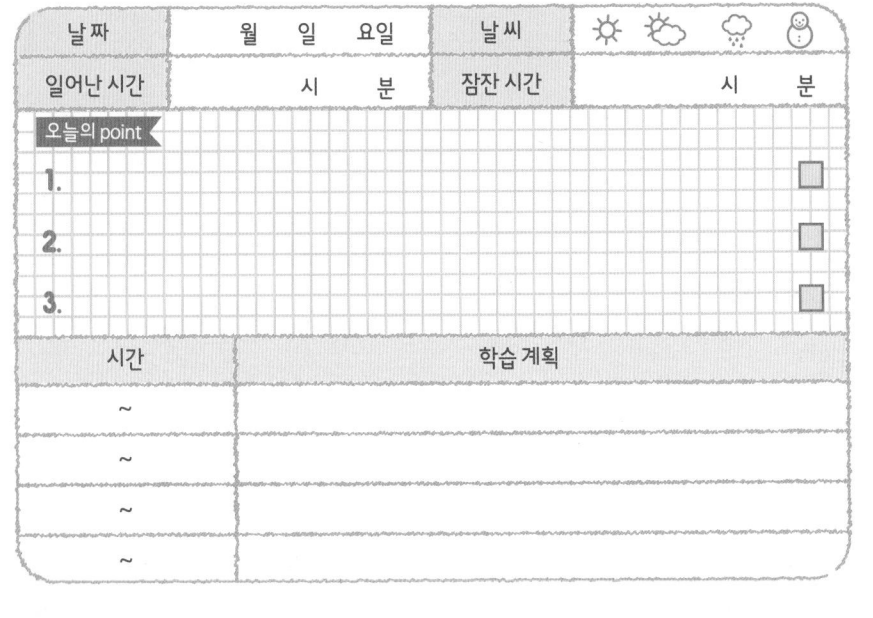

# 24 소수 두자리까지 나누기

소리내
읽기

### 5.2 ÷ 1.6의 계산

5.2와 1.6을 10배씩 곱하여 52와 16을 나머지
가 없을때까지 나누면 몫은 3.25가 되고,
나머지는 없습니다.

1.6 뒤에 0이 계속 있다고 생각하고 나누기를
합니다.

1.6 = 1.60000... 과 같습니다.

몫의 소수점은 옮겨진
소수점자리로 올려줍니다.

52 뒤에 0이 계속 있다고
생각하고 내려줍니다.
5.2=5.2000과 같습니다.

$$
\begin{array}{r}
3.25 \\
1.6{\overline{\smash{\big)}\,5.2000}} \\
\underline{48\phantom{000}} \\
40\phantom{00} \\
\underline{32\phantom{00}} \\
80\phantom{0} \\
\underline{80\phantom{0}} \\
0
\end{array}
$$

소리내
풀기

## 아래 나눗셈을 나머지가 0이 될때까지 나누고 몫을 구하세요.

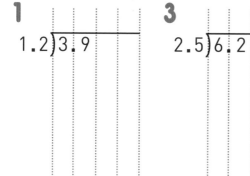

**1**    1.2 ⟌ 3.9

**3**    2.5 ⟌ 6.2

**5**    1.5 ⟌ 3.5 7

**2**    8.4 ⟌ 2.1

**4**    3.6 ⟌ 6.3

**6**    4.8 ⟌ 7.9 2

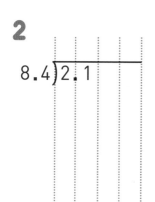
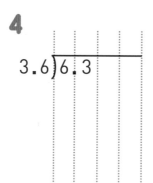
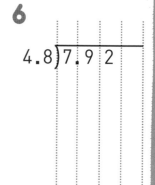

🚗 9 문제 중 ⭕ 문제 맞았어!

**7**  4.5)3.6

**8**  2.8)4.6 2

**9**  3.4)4.2 5

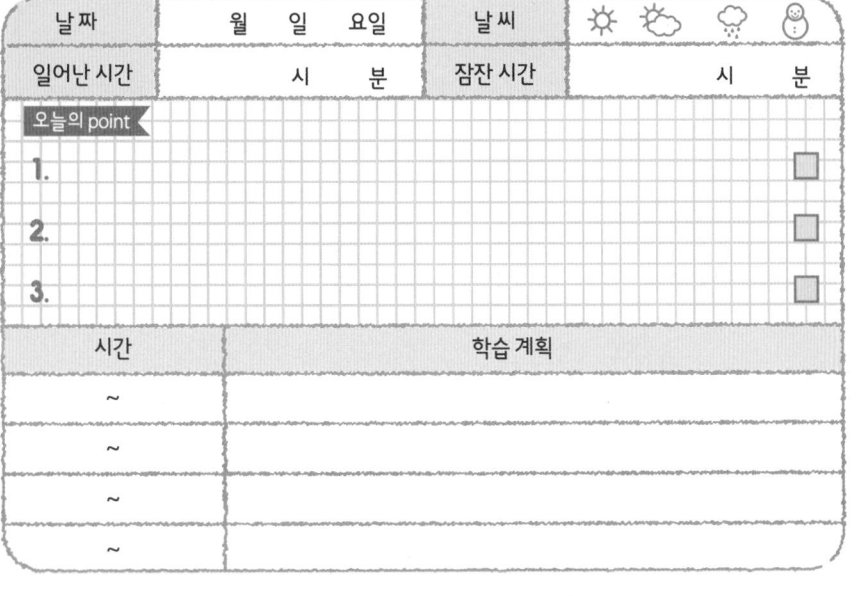

나의 생활 일기

어제의 학업 성취도 : 1 2 3 4 5

| 날짜 | 월 일 요일 | 날씨 | ☀ ☁ ☂ ⛄ |
| 일어난 시간 | 시 분 | 잠잔 시간 | 시 분 |

오늘의 point

1. ☐
2. ☐
3. ☐

| 시간 | 학습 계획 |
| ~ | |
| ~ | |
| ~ | |
| ~ | |

# 25 반올림하여 몫 구하기

소리내 읽기

## 5.4 ÷ 1.7의 계산(소수 2째자리에서 반올림)

5.4와 1.7을 10배씩 곱하여 54와 17을 나누어보면, 3.17....으로 계속 나누어 집니다. 이때 소수 2째자리 에서 반올림 하라고 하면 3.1X에서 반올림하여 3.2가 몫이 됩니다.

소수 2째자리에서 반올림 하라는 말은 반올림하여 소수 첫째자리까지 몫을 구하라는 말과 같습니다.

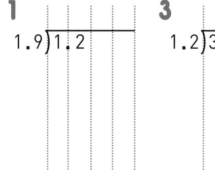

0.01의 자리인 1을 반올림하면 몫은 3.2가 됩니다.

반올림하여 몫을 구하면 나머지는 구하지 않아도 됩니다.

소리내 풀기

**아래를 소수 둘째자리에서 반올림하여 첫째자리까지 몫을 구하세요.**

**1**

1.9)1.2

**3**

1.2)3.2

**5**

3.2)5.1

**2**

1.5)2.8

**4**

2.6)4.3

**6**

2.7)3.1

**7**

3.4)5

**8**

1.9)3.4 7

**9**

2.4)4.2 1

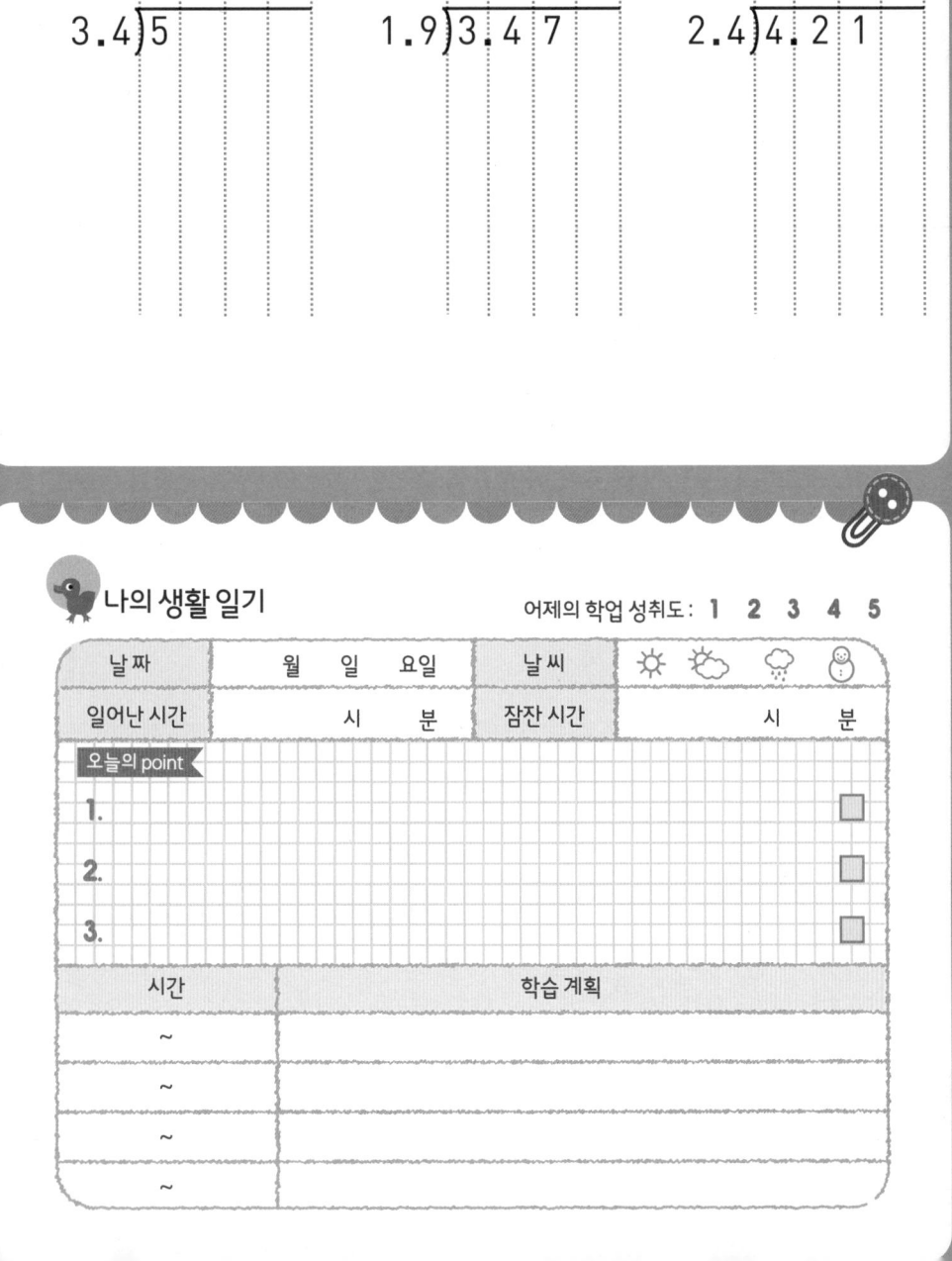

🐤 **나의 생활 일기**

| 날짜 | 월   일   요일 | 날씨 | ☀ ☁ 🌧 ⛄ |
|---|---|---|---|
| 일어난 시간 | 시      분 | 잠잔 시간 | 시      분 |

오늘의 point ◀

1. ☐

2. ☐

3. ☐

| 시간 | 학습 계획 |
|---|---|
| ~ | |
| ~ | |
| ~ | |
| ~ | |

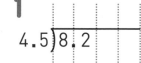

**26** 소수 한 자리수 나눗셈(연습1)

아래 나눗셈을 소수 둘째자리의 몫을 구하고, 나머지도 구하세요.

**1**

$4.5\overline{)8.2}$

**4**

$2.7\overline{)8.7}$

**7**

$3.2\overline{)9.14}$

**2**

$2.8\overline{)9.9}$

**5**

$7.3\overline{)4.2}$

**8**

$1.7\overline{)5.23}$

**3**

$1.5\overline{)3.8}$

**6**

$2.8\overline{)7.9}$

**9**

$2.8\overline{)5.25}$

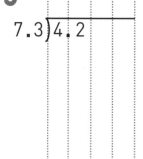

**10**  3.1 )4.7

**11**  2.6 )3.3 5

**12**  1.9 )4.2 5

### 🐦 나의 생활 일기

어제의 학업 성취도 : **1 2 3 4 5**

| 날 짜 | 월    일    요일 | 날 씨 | ☀ ☁ 🌧 ⛄ |
|---|---|---|---|
| 일어난 시간 | 시      분 | 잠잔 시간 | 시      분 |

**오늘의 point**

1. ☐

2. ☐

3. ☐

| 시간 | 학습 계획 |
|---|---|
| ~ | |
| ~ | |
| ~ | |
| ~ | |

# 27 소수 한 자리수 나눗셈 (연습2)

아래 나눗셈을 반올림하여 소수 첫째자리까지의 몫을 구하세요.

**1**

2.8)2.1

**4**

2.8)9.9

**7**

4.6)2.9 9

**2**

1.8)4.4

**5**

3.5)6.2

**8**

1.3)4.1 5

**3**

1.5)3.7

**6**

9.5)5.6

**9**

2.3)8.0 4

12 문제 중 　문제 맞았어!

53

**10**

$4.3\overline{)4.4}$

**11**

$2.9\overline{)5.65}$

**12**

$3.8\overline{)4.92}$

## 나의 생활 일기

어제의 학업 성취도 : 1 2 3 4 5

| 날짜 | 월 일 요일 | 날씨 | ☼ ⛅ ☂ ☃ |
|---|---|---|---|
| 일어난 시간 | 시 분 | 잠잔 시간 | 시 분 |

오늘의 point

1. ☐

2. ☐

3. ☐

| 시간 | 학습 계획 |
|---|---|
| ~ | |
| ~ | |
| ~ | |
| ~ | |

소리내
읽기

**87.9 ÷ 2.3의 계산**

$23 \times 2 = 46$
$23 \times 3 = 69$
$23 \times 4 = 92$

```
        3 8
2.3) 8 7.9
      6 9
    ─────
      1 8 9
      1 8 4
      ─────
        0.5
```
$23 \times 7 = 161$
$23 \times 8 = 184$
$23 \times 9 = 207$

**87.9 ÷ 2.3 = 몫38 나머지 0.5의 검산**

87.9 ÷ 2.3 = 몫38 나머지 0.5

2.3 × 38 + 0.5 = 87.9

(검산) 나누는수×몫+나머지=나눠지는수

소리내
풀기

아래 나눗셈을 자연수까지의 몫과 나머지를 구하고, 검산해 보세요.

## 1

```
2.3) 3 6.9
```

(검산) ......................................................

## 3

```
1.4) 6 7.1
```

(검산) ......................................................

## 2

```
3.4) 8 9.2
```

(검산) ......................................................

## 4

```
2.9) 7 6.3
```

(검산) ......................................................

**5**

$$3.9\overline{)4\ 6.1}$$

**6**

$$2.7\overline{)4\ 3.4}$$

(검산) ........................................

(검산) ........................................

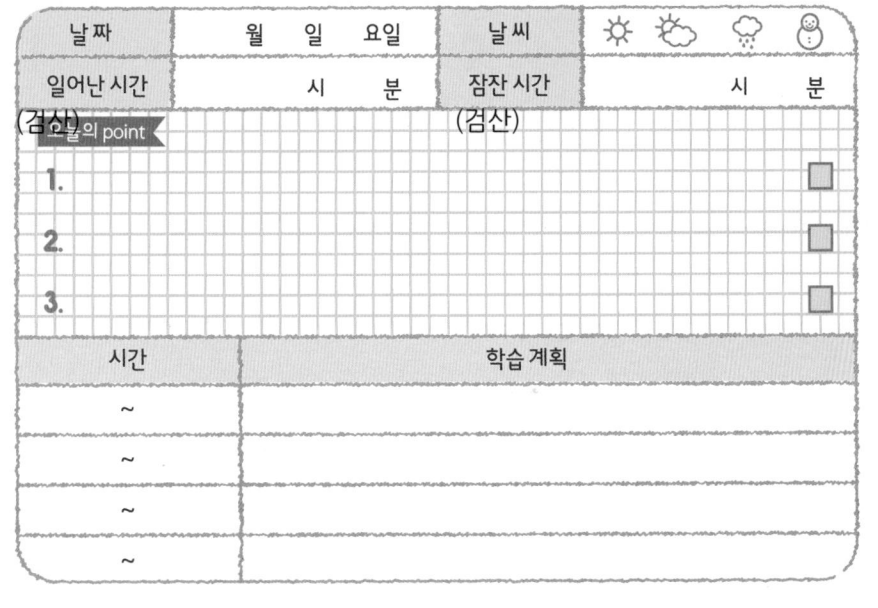

나의 생활 일기

어제의 학업 성취도: **1  2  3  4  5**

| 날짜 | | 월   일   요일 | 날씨 | ☀ ⛅ 🌧 ⛄ |
| --- | --- | --- | --- | --- |
| 일어난 시간 | | 시      분 | 잠잔 시간 | 시      분 |

오늘의 point

1. ☐
2. ☐
3. ☐

| 시간 | 학습 계획 |
| --- | --- |
| ~ | |
| ~ | |
| ~ | |
| ~ | |

# 29 소수 두 자리수의 나눗셈(1)

**3.12 ÷ 0.13의 계산**

3.12와 0.13을 **100**배씩 곱하여 자연수로 만듭니다.
(두 수 모두 소수점을 똑같이 오른쪽으로 **두** 자리씩
옮겨서 모두 자연수로 만듭니다.)
312÷13=24이므로 3.12÷0.13=24가 됩니다.
곱하는 수와 나누는 수에 같은 수를 곱한 후 나누어도
몫은 변하지 않습니다. (몫의 소수점의 자리는 같습니다.)

3.12 ÷ 0.13 = 312 ÷ 13 = 24
10배   10배

10배를 하면 오른쪽으로 1칸
100배를 하면 오른쪽으로 2칸
씩 똑같이 이동해 줍니다.

**소수점의 자리를 옮겨 자연수의 나눗셈으로 고쳐 계산해 보세요.**

**1** 202 ÷ 2 =

**2** 20.2 ÷ 0.2 =

**3** 2.02 ÷ 0.02 =

**4** 264 ÷ 24 =

**5** 26.4 ÷ 2.4 =

**6** 2.64 ÷ 0.24 =

**7** 375 ÷ 15 =

**8** 37.5 ÷ 1.5 =

**9** 3.75 ÷ 0.15 =

**10** 525 ÷ 25 =

**11** 52.5 ÷ 2.5 =

**12** 5.25 ÷ 0.25 =

20 문제 중 　문제 맞았기!

**나의 생활 일기 기록하기**

아래의 항목 살펴보고: 1 2 3 4 5

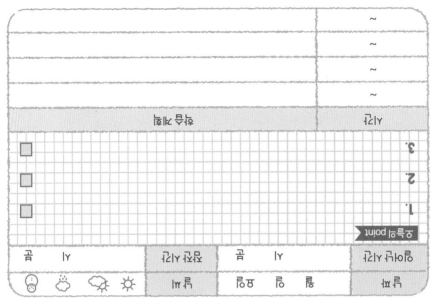

| 날짜 | 월 | 일 | 요일 | 날씨 | ☀ ☁ ⛅ ❄ |
| 일어난 시간 | 시 분 | | 잠잔 시간 | 시 | 분 |

오늘의 point
1. □
2. □
3. □

| 시간 | 하루 계획 |
| --- | --- |
| ~ | |
| ~ | |
| ~ | |
| ~ | |

---

**13** $252 \div 42 =$

**14** $2520 \div 420 =$

**15** $25200 \div 4200 =$

**16** $252000 \div 42000 =$

**17** $384 \div 24 =$

**18** $38.4 \div 2.4 =$

**19** $3.84 \div 0.24 =$

**20** $0.384 \div 0.024 =$

# 30 소수 두 자리 수의 나눗셈(2)

### 3.12 ÷ 0.13의 계산

3.12와 0.13을 100배씩 곱하여 312와 13의 몫과
나머지를 구합니다.
(두 수 모두 소수점을 똑같이 오른쪽으로 두 자리씩
옮겨서 모두 자연수로 만듭니다.)
312÷13의 몫인 24가 3.12÷0.13의 몫입니다.
반드시 나누는 수와 나눠지는 수 모두 똑같이 옮겨야 합니다.

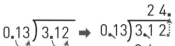

## 소수점의 자리를 옮겨 자연수의 나눗셈으로 고쳐 계산해 보세요.

**1**   0.13 ) 3.1 2

**3**   0.24 ) 3.8 4

**5**   0.48 ) 1 0.0 8

**2**   0.15 ) 3.4 5

**4**   0.26 ) 8.3 2

**6**   0.63 ) 1 1.3 4

9 문제 중 ◯ 문제 맞았어!

**7** $0.27 \overline{)2.16}$

**8** $0.32 \overline{)5.12}$

**9** $0.56 \overline{)10.64}$

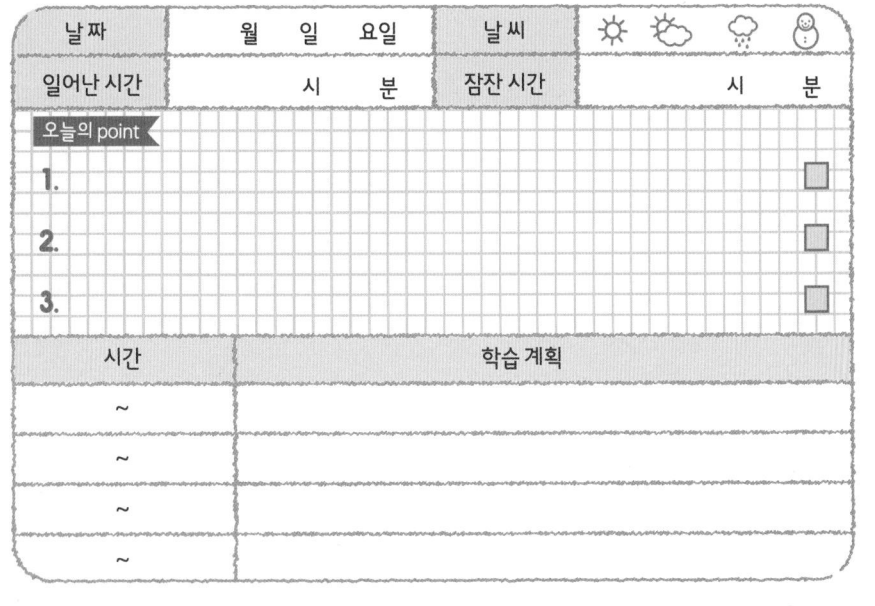

나의 생활 일기

어제의 학업 성취도: 1 2 3 4 5

| 날짜 | 월 일 요일 | 날씨 | ☀ ☁ ☂ ☃ |
|---|---|---|---|
| 일어난 시간 | 시 분 | 잠잔 시간 | 시 분 |

오늘의 point

1. ☐

2. ☐

3. ☐

| 시간 | 학습 계획 |
|---|---|
| ~ | |
| ~ | |
| ~ | |
| ~ | |

# 31 소수 두 자리수의 나눗셈 (3)

**31.2 ÷ 0.13의 계산**

31.2와 0.13을 100배씩 곱하여 3120과
13의 몫과 나머지를 구합니다.
(두 수 모두 소수점을 똑같이 오른쪽으로 두 자리씩
옮겨서 모두 자연수로 만듭니다.)
3120÷13의 몫인 240이 31.2÷0.13의 몫입니다.

$$0.13\overline{)31.20} \rightarrow 0.13\overline{)31.20}$$
2자리이동  2자리이동

```
        2 4 0.
0.13)3 1.2 0.
      2 6
        5 2
        5 2
          0
```

소수점의 자리를 옮겨 자연수의 나눗셈으로 고쳐 계산해 보세요.

**1**

$$0.19\overline{)39.9}$$

**3**

$$0.16\overline{)36.8}$$

**5**

$$0.15\overline{)36}$$

**2**

$$0.17\overline{)27.2}$$

**4**

$$0.18\overline{)57.6}$$

**6**

$$0.25\overline{)45}$$

9 문제중  ○ 문제 맞았기!

61

**7** $0.26\overline{)2\,0.8}$

**8** $0.19\overline{)3\,6.1}$

**9** $0.15\overline{)2\,4}$

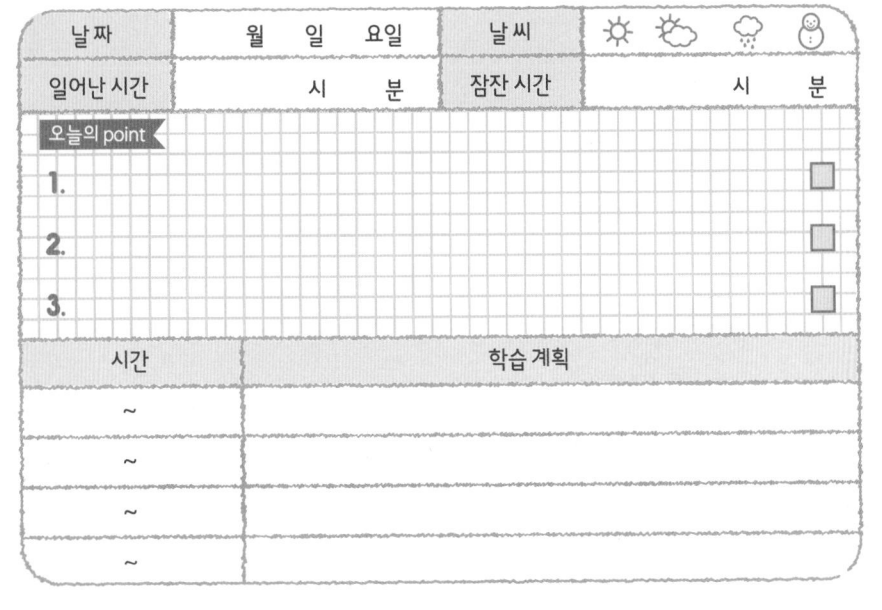

🐦 **나의 생활 일기**

어제의 학업 성취도 :  **1  2  3  4  5**

| 날짜 | 월 일 요일 | 날씨 | ☀ ⛅ ☂ ⛄ |
|---|---|---|---|
| 일어난 시간 | 시 분 | 잠잔 시간 | 시 분 |

**오늘의 point**

1. ☐

2. ☐

3. ☐

| 시간 | 학습 계획 |
|---|---|
| ~ | |
| ~ | |
| ~ | |
| ~ | |

# 32 소수 두 자리수의 나눗셈(4)

| Mon | 월 | 일 |
|---|---|---|
| | 분 | 초 |

소리내
읽기

### 0.37 ÷ 0.15의 계산(자연수까지 몫구하기)

0.37과 0.15를 100배씩 곱하여 37과 15의
자연수까지 몫과 나머지를 구합니다.
37÷15의 몫인 2가 3.6÷15의 몫이 되고,
나머지는 원래의 소수점을 그대로 내려와
0.07이 3.7÷1.5의 나머지가 됩니다.

$$0.15\overline{)0.37}$$

소수의 나눗셈에서 **나머지**는
원래 나눠지는 수의 소수점자리
를 그대로 받아옵니다.

0.37÷0.15 = 2...0.07

소리내
풀기

**아래 나눗셈의 몫을 자연수까지만 구하고, 나머지도 구하세요.**

## 1

$$0.67\overline{)5.2\,7}$$

## 3

$$0.12\overline{)1.0\,3}$$

## 5

$$0.24\overline{)2.3\,9}$$

## 2

$$0.17\overline{)1.5\,6}$$

## 4

$$0.23\overline{)2.1\,2}$$

## 6

$$0.34\overline{)3.1\,6}$$

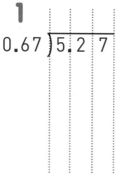

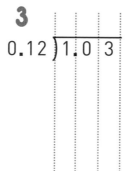

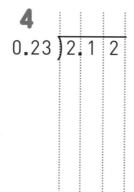

9 문제 중 ⃝ 문제 맞았어!

**7** $0.17\overline{)12.51}$   **8** $0.23\overline{)20.72}$   **9** $0.29\overline{)25.16}$

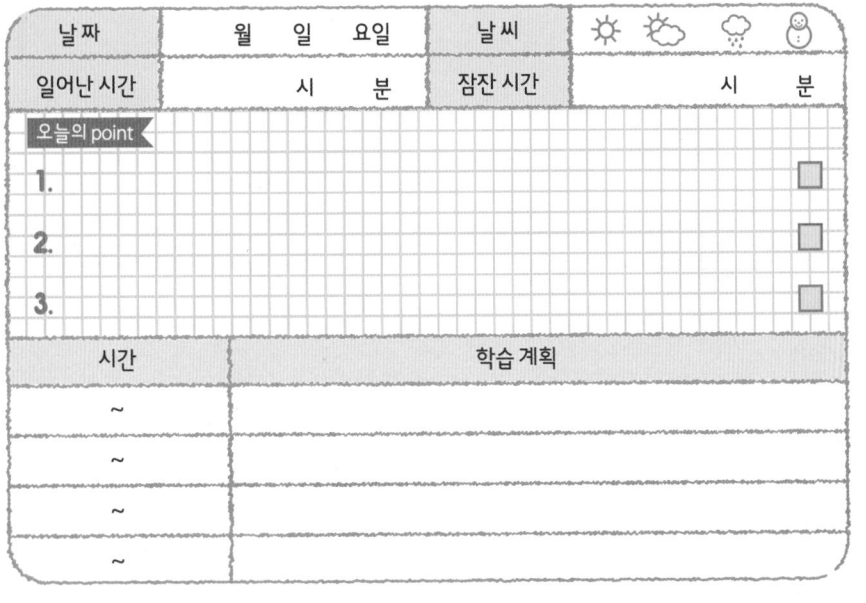

나의 생활 일기

어제의 학업 성취도 : 1  2  3  4  5

| 날짜 | 월   일   요일 | 날씨 | ☀ ⛅ 🌧 ☃ |
| --- | --- | --- | --- |
| 일어난 시간 | 시   분 | 잠잔 시간 | 시   분 |

오늘의 point

1.
2.
3.

| 시간 | 학습 계획 |
| --- | --- |
| ~ | |
| ~ | |
| ~ | |
| ~ | |

# 33 소수 두자리까지 나누기

소리내 읽기

**0.52 ÷ 0.16의 계산**

0.52와 0.16을 100배씩 곱하여 52와 16을 나머지가 없을때까지 나누면 몫은 3.25가 되고, 나머지는 없습니다.

0.16 뒤에 0이 계속 있다고 생각하고 나누기를 합니다.

0.16 = 0.160000... 과 같습니다.

```
           3.2 5
  0.16)0.5 2 0 0
         4 8
           4 0
           3 2
             8 0
             8 0
               0
```

몫의 소수점은 옮겨진 소수점자리로 올려줍니다.

52 뒤에 0이 계속 있다고 생각하고 내려줍니다.
5.2=5.2000과 같습니다.

소리내 풀기

**아래 나눗셈을 나머지가 0이 될때까지 나누고 몫을 구하세요.**

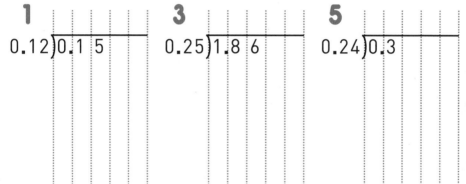

**1**   0.12)0.1 5

**3**   0.25)1.8 6

**5**   0.24)0.3

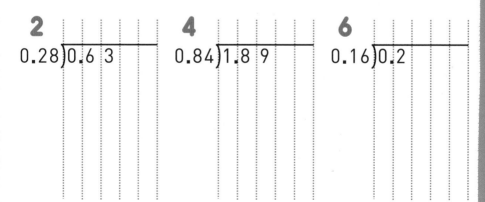

**2**   0.28)0.6 3

**4**   0.84)1.8 9

**6**   0.16)0.2

**7**

$0.16\overline{)2.64}$

**8**

$0.24\overline{)3.24}$

**9**

$0.36\overline{)4.5}$

## 나의 생활 일기

어제의 학업 성취도 : **1 2 3 4 5**

| | | | |
|---|---|---|---|
| 날짜 | 월 일 요일 | 날씨 | ☼ ⛅ 🌧 ☃ |
| 일어난 시간 | 시 분 | 잠잔 시간 | 시 분 |

오늘의 point

1. ☐

2. ☐

3. ☐

| 시간 | 학습 계획 |
|---|---|
| ~ | |
| ~ | |
| ~ | |
| ~ | |

# 34 반올림하여 몫 구하기

소리내
읽기

**0.54 ÷ 0.17의 계산(소수 2째자리에서 반올림)**

0.54와 0.17을 100배씩 곱하여 54와 17을 나누어
보면, 3.17...으로 계속 나누어 집니다. 이때 소수 2째자리
에서 반올림 하라고 하면 3.1X에서 반올림하여 3.2가
몫이 됩니다.

소수 2째자리에서 반올림 하라는 말은 반올림하여 소수
첫째자리까지 몫을 구하라는 말과 같습니다.

```
              2
          3.1 X      0.01의 자리인 1을
   0.17)0.54.00      반올림하면 몫은
        51           3.2가 됩니다.
        30
        17
       130           반올림하여 몫을 구하면
       119           나머지는 구하지 않아도
       0.0011        됩니다.
```

소리내
풀기

## 아래를 소수 둘째자리에서 반올림하여 첫째자리까지 몫을 구하세요.

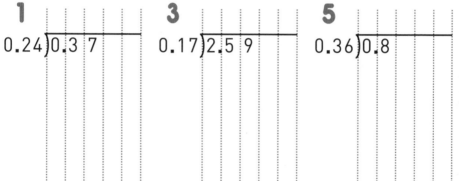

**1** 0.24)0.3 7     **3** 0.17)2.5 9     **5** 0.36)0.8

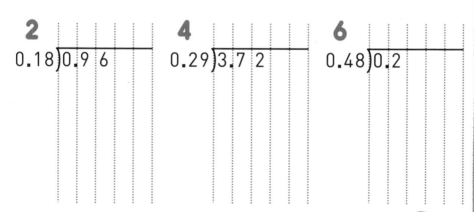

**2** 0.18)0.9 6     **4** 0.29)3.7 2     **6** 0.48)0.2

**9** 문제 중 ◯ 문제 맞았기!

**7**    0.18)2.96

**8**    0.23)3.49

**9**    0.47)5

 나의 생활 일기

어제의 학업 성취도 : **1 2 3 4 5**

| 날짜 | 월 일 요일 | 날씨 | ☀ ⛅ ☔ ⛄ |
|---|---|---|---|
| 일어난 시간 | 시 분 | 잠잔 시간 | 시 분 |

오늘의 point

1. ☐

2. ☐

3. ☐

| 시간 | 학습 계획 |
|---|---|
| ~ | |
| ~ | |
| ~ | |
| ~ | |

# 35 소수 두 자리수 나눗셈(연습1)

소리내
풀기

아래 나눗셈을 소수 둘째자리까지 몫을 구하고, 나머지를 구하세요.

**1**

0.16)0.2 7

**4**

0.27)1.9 6

**7**

0.33)0.7

**2**

0.19)0.3 6

**5**

0.28)2.3 7

**8**

0.28)0.9

**3**

0.23)0.4 5

**6**

0.36)3.1 4

**9**

0.91)8

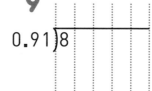

12문제 중  문제 맞았기!

69

**10**
0.36)4.9 2

**11**
0.31)4.9 7 5

**12**
1.36)4.5 1 2

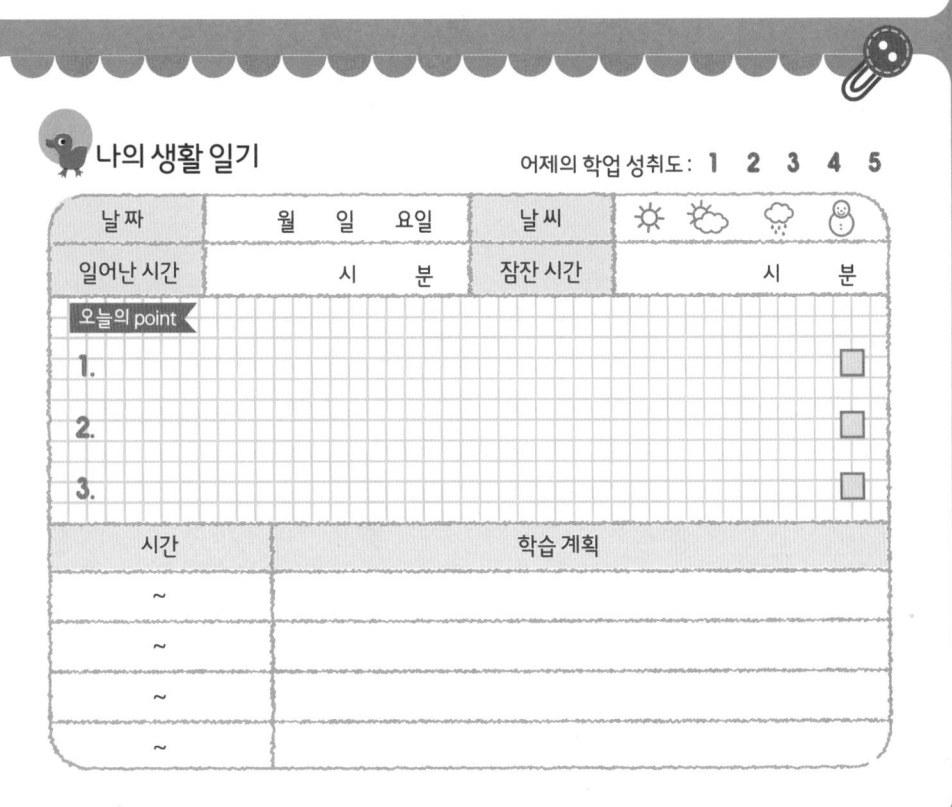

나의 생활 일기

어제의 학업 성취도 : **1  2  3  4  5**

| 날 짜 | 월   일   요일 | 날씨 | ☀ ⛅ 🌧 ⛄ |
|---|---|---|---|
| 일어난 시간 | 시      분 | 잠잔 시간 | 시      분 |

오늘의 point

1.

2.

3.

| 시간 | 학습 계획 |
|---|---|
| ~ | |
| ~ | |
| ~ | |
| ~ | |

# 36 소수 두 자리수 나눗셈(연습2)

소리내 풀기

아래 나눗셈을 반올림하여 소수 첫째자리까지 몫을 구하세요.

**1**

$0.23 \overline{)0.3\ 8}$

**4**

$0.59 \overline{)1.8\ 7}$

**7**

$0.73 \overline{)0.9}$

**2**

$0.34 \overline{)0.5\ 7}$

**5**

$0.67 \overline{)3.4\ 7}$

**8**

$0.87 \overline{)0.9}$

**3**

$0.46 \overline{)0.5\ 9}$

**6**

$0.46 \overline{)9.6\ 5}$

**9**

$0.93 \overline{)7}$

12문제 중      문제 맞았기!

**10**

0.23)3.7 4

**11**

0.51)9.1 5 1

**12**

0.42)5.4 3 2

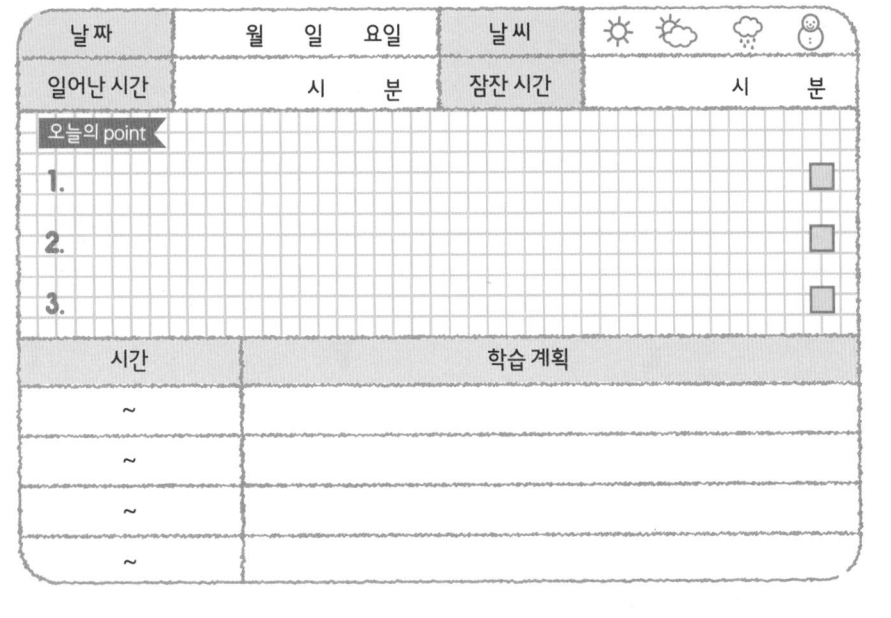

나의 생활 일기

어제의 학업 성취도 : 1 2 3 4 5

| 날짜 | 월 일 요일 | 날씨 | ☀ ☁ 🌧 ⛄ |
|---|---|---|---|
| 일어난 시간 | 시 분 | 잠잔 시간 | 시 분 |

오늘의 point

1. ☐

2. ☐

3. ☐

| 시간 | 학습 계획 |
|---|---|
| ~ | |
| ~ | |
| ~ | |
| ~ | |

# 37 소수의나눗셈 (연습1)

 아래 나눗셈을 소수 둘째자리까지 몫을 구하고, 나머지를 구하세요.

**1**
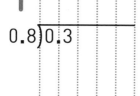
0.8)0.3

**4**
0.7)4.3

**7**
1.3)3.2

**2**
0.6)0.5

**5**
0.9)4.8

**8**
3.6)0.2 9

**3**
0.7)0.2

**6**
1.9)3.1

**9**
9.1)7.2 6

12문제 중 ◯ 문제 맞았어!

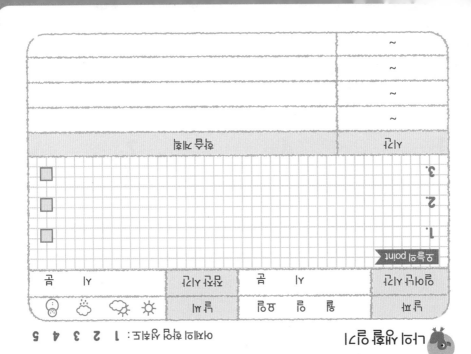

 나의 생활 일기   어제의 하루 살차도: 1 2 3 4 5

| 날짜 | 요일 | 날씨 | 잠잔 시간 | 일어난 시간 |
|---|---|---|---|---|
| 월 일 | 월 화 수 목 금 토 일 | ☀ ☁ ☂ 😀 | 시 분 | 시 분 |

오늘의 point
1. ☐
2. ☐
3. ☐

| 시간 | 학습 계획 |
|---|---|
| ~ | |
| ~ | |
| ~ | |
| ~ | |

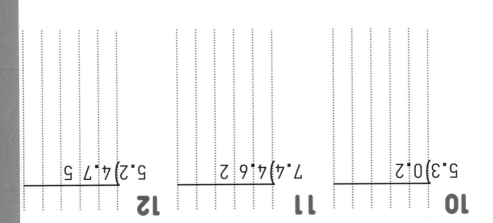

**10**

5.3)0.2

**11**

7.4)4.6.2

**12**

5.2)4.7.5

 소리내 풀기

아래 나눗셈을 소수 둘째자리까지 몫을 구하고, 나머지를 구하세요.

**1**

0.06)0.3 4

**4**

0.17)1.4 8

**7**

1.03)0.7 1

**2**

0.08)0.3 5

**5**

0.18)3.6 7

**8**

2.36)1.5 8

**3**

0.04)0.2 7

**6**

0.16)4.1 7

**9**

3.76)4

12문제 중 ◯ 문제 맞았어!

**10**
0.79)3.5 9

**11**
2.19)5.1 3 7

**12**
4.27)3.6 7 1

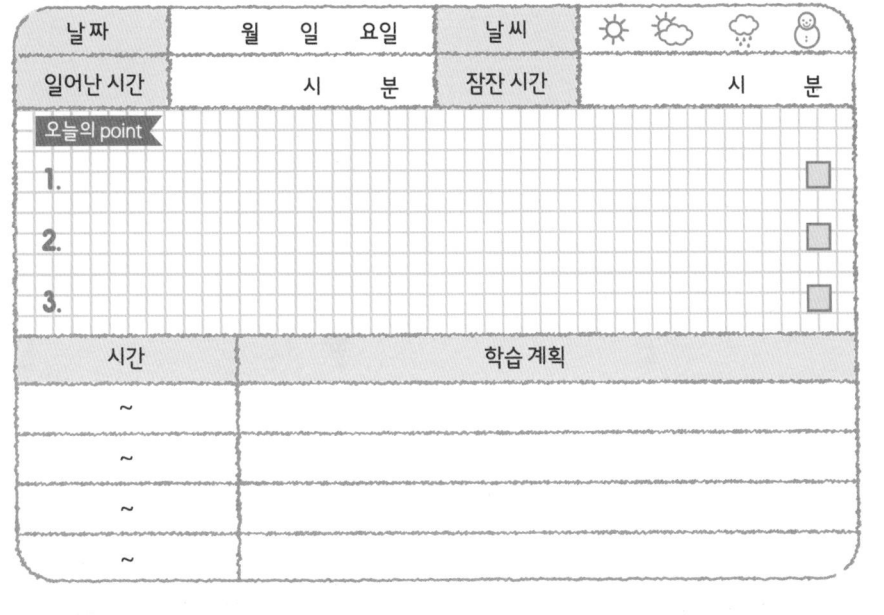

나의 생활 일기

어제의 학업 성취도 :  **1   2   3   4   5**

| 날짜 | 월    일    요일 | 날씨 | ☀  ⛅  ☔  ⛄ |
|---|---|---|---|
| 일어난 시간 | 시        분 | 잠잔 시간 | 시        분 |

오늘의 point

1. ▢

2. ▢

3. ▢

| 시간 | 학습 계획 |
|---|---|
| ~ | |
| ~ | |
| ~ | |
| ~ | |

# 39 소수의 나눗셈 (연습3)

소리내
풀기

아래 나눗셈을 소수 둘째자리까지 몫을 구하고, 나머지를 구하세요.

**1**

$$1.8 \overline{)1.2}$$

**4**

$$2.7 \overline{)5.6}$$

**7**

$$9.7 \overline{)6.2\,9}$$

**2**

$$2.6 \overline{)3.4}$$

**5**

$$4.7 \overline{)6.9}$$

**8**

$$7.3 \overline{)8.1\,7}$$

**3**

$$2.7 \overline{)4.2}$$

**6**

$$5.8 \overline{)4.8}$$

**9**

$$8.6 \overline{)6.4\,2}$$

12 문제중 ◯ 문제 맞았어!

**10**

$1.25\overline{)1.7\ 9}$

**11**

$3.72\overline{)4.6\ 9\ 2}$

**12**

$5.31\overline{)6.7\ 3\ 9}$

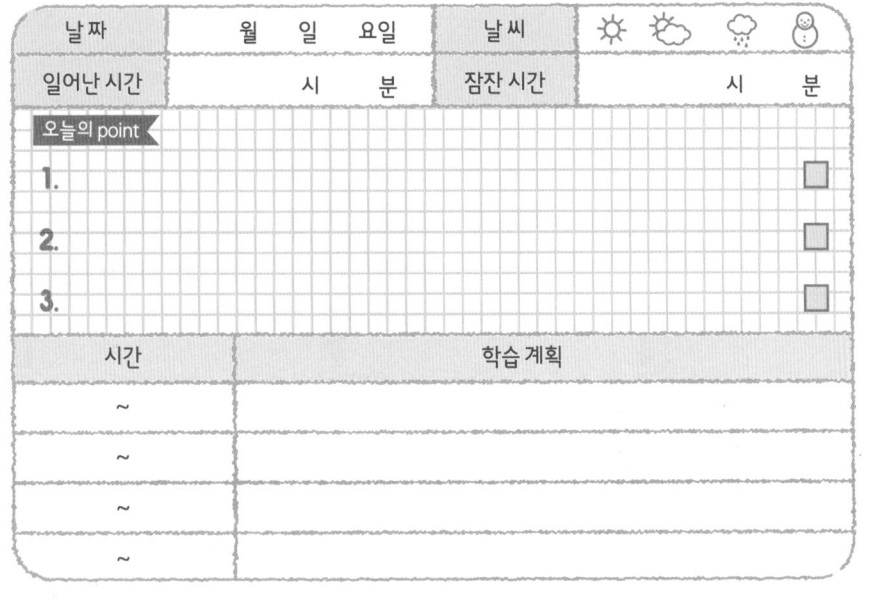

나의 생활 일기

어제의 학업 성취도 : **1  2  3  4  5**

| 날짜 | 월   일   요일 | 날씨 | ☀ ⛅ 🌧 ☃ |
|---|---|---|---|
| 일어난 시간 | 시   분 | 잠잔 시간 | 시   분 |

오늘의 point

1. ☐
2. ☐
3. ☐

| 시간 | 학습 계획 |
|---|---|
| ~ | |
| ~ | |
| ~ | |
| ~ | |

# 40 소수의 나눗셈 (연습4)

아래 나눗셈을 소수 둘째자리까지 몫을 구하고, 나머지를 구하세요.

**1**

$0.16 \overline{)0.2\ 4}$

**4**

$3.62 \overline{)0.1\ 3}$

**7**

$3.68 \overline{)7.5\ 6}$

**2**

$0.48 \overline{)0.3\ 8}$

**5**

$1.35 \overline{)0.4\ 1}$

**8**

$6.27 \overline{)1.5\ 8}$

**3**

$0.66 \overline{)0.5\ 2}$

**6**

$2.27 \overline{)0.1\ 7}$

**9**

$3.89 \overline{)1}$

12 문제중 ◯ 문제 맞았어!

# 10
1.58)3.1

# 11
5.71)6.9 3 7

# 12
4.87)7.3 6 3

---

 나의 생활 일기

어제의 활동 상황도: 1 2 3 4 5

| 날짜 | 월 | 일 | 요일 | 날씨 | | | | |
|---|---|---|---|---|---|---|---|---|
| 일어난 시간 | 시 | 분 | 잠잔 시간 | 시 | 분 | | | |

오늘의 point ▶

1. ☐

2. ☐

3. ☐

| 시간 | 하루 계획 |
|---|---|
| ~ | |
| ~ | |
| ~ | |
| ~ | |

## 41 쌓기나무의 개수(1)

### 각 자리에 쌓은 쌓기나무의 개수로 구하기

옆의 쌓기나무 모양 그림 아래에 그려진 그림을
보고 작은 네모에 몇개가 쌓여 있는지 알아보고
각각의 수를 모두 더하면 쌓기나무의 전체 개수가
됩니다.
밑의 그림자에 있는 작은 사각형에 수를 1부터
차례로 적고 위에 쌓여있는 개수를 구해 모두 더합니다.

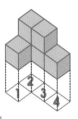

⟨1⟩ 위에 1개
⟨2⟩ 위에 2개
⟨3⟩ 위에 2개
+ ⟨4⟩ 위에 1개
―――――――
모두 6개

## 각 자리에 쌓은 쌓기나무의 개수를 이용하여 모두 몇개인지 적으세요.

**1**

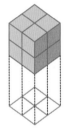

_____ 개

**3**

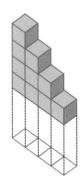

_____ 개

**2**

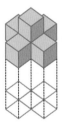

_____ 개

**4**

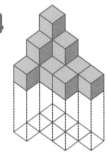

_____ 개

 6 문제 중  문제 맞았어!

**5**

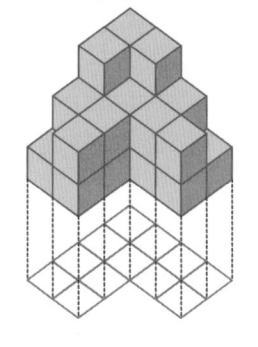

................... 개

**6**

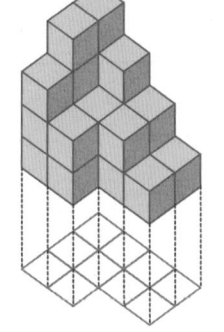

................... 개

 **나의 생활 일기**

어제의 학업 성취도 : **1   2   3   4   5**

| 날짜 | 월   일   요일 | 날 씨 | ☀ ⛅ 🌧 ⛄ |
|---|---|---|---|
| 일어난 시간 | 시   분 | 잠잔 시간 | 시   분 |

**오늘의 point**

1. ☐

2. ☐

3. ☐

| 시간 | 학습 계획 |
|---|---|
| ~ | |
| ~ | |
| ~ | |
| ~ | |

## 각 층에 쌓은 쌓기나무의 개수로 구하기

1층부터 각 층에 몇 개씩 쌓기나무가 있는 지 구하고,
각각의 수를 모두 더하면 쌓기나무의 전체 개수가
됩니다.
밑의 그림자에 있는 작은 사각형의 수는
1층의 쌓기나무 개수입니다.

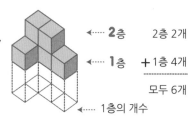

◀····· 2층    2층 2개

◀····· 1층    + 1층 4개

모두 6개

◀····· 1층의 개수

## 각 층의 개수를 구하여 전체 쌓기나무의 개수를 구하세요.

**1**

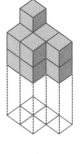

3층 ............... 개
2층 ............... 개
1층 ............... 개
합계 ............... 개

**3**

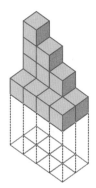

4층 ............... 개
3층 ............... 개
2층 ............... 개
1층 ............... 개
합계 ............... 개

**2**

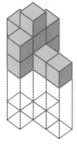

3층 ............... 개
2층 ............... 개
1층 ............... 개
합계 ............... 개

**4**

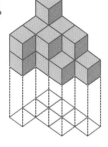

3층 ............... 개
2층 ............... 개
1층 ............... 개
합계 ............... 개

6 문제 중   문제 맞았어!

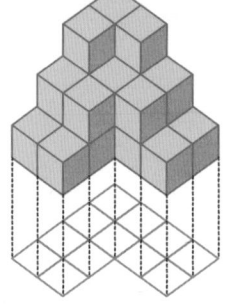

**5**

3층 \_\_\_\_\_ 개

2층 \_\_\_\_\_ 개

1층 \_\_\_\_\_ 개

합계 \_\_\_\_\_ 개

**6**

4층 \_\_\_\_\_ 개

3층 \_\_\_\_\_ 개

2층 \_\_\_\_\_ 개

1층 \_\_\_\_\_ 개

합계 \_\_\_\_\_ 개

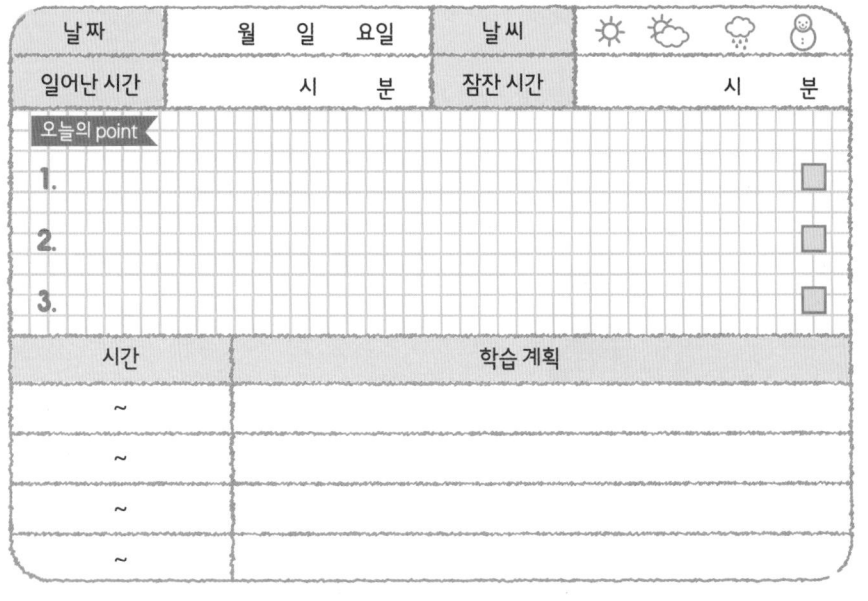

 **나의 생활 일기**

어제의 학업 성취도 : **1  2  3  4  5**

| 날짜 | 월  일  요일 | 날씨 | ☀ ⛅ ☁ ☃ |
|---|---|---|---|
| 일어난 시간 | 시  분 | 잠잔 시간 | 시  분 |

**오늘의 point**

1. ☐

2. ☐

3. ☐

| 시간 | 학습 계획 |
|---|---|
| ~ | |
| ~ | |
| ~ | |
| ~ | |

 각 자리에 쌓은 쌓기나무의 개수를 이용하여 모두 몇개인지 적으세요.

**1**

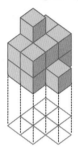

_____ 개

**4**

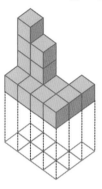

_____ 개

**2**

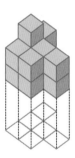

_____ 개

**5**

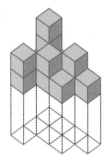

_____ 개

**3**

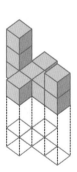

_____ 개

**6**

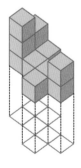

_____ 개

 8 문제 중  문제 맞았어!

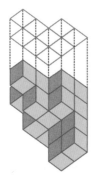

7

___개

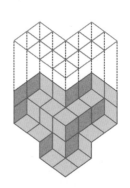

8

___개

---

🐰 **나의 생활 일기**  아침의 하루의 상쾌도: 1 2 3 4 5

| 날짜 | 월 일 요일 | 잠잔 시간 | 시 분 |
| --- | --- | --- | --- |
| 날씨 | ☀ ☁ ⛈ ☁ | 일어난 시간 | 시 분 |

▶ 오늘의 point

1. ☐
2. ☐
3. ☐

| 시간 | 하루 계획 |
| --- | --- |
| ~ | |
| ~ | |
| ~ | |
| ~ | |

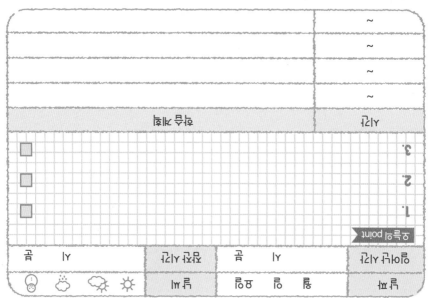

 각 층의 개수를 구하여 전체 쌓기나무의 개수를 구하세요.

**1**

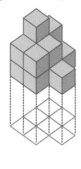

3층 ............... 개
2층 ............... 개
1층 ............... 개
합계 ............... 개

**2**

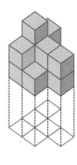

3층 ............... 개
2층 ............... 개
1층 ............... 개
합계 ............... 개

**3**

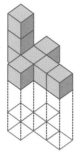

3층 ............... 개
2층 ............... 개
1층 ............... 개
합계 ............... 개

**4**

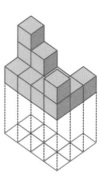

3층 ............... 개
2층 ............... 개
1층 ............... 개
합계 ............... 개

**5**

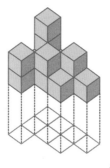

3층 ............... 개
2층 ............... 개
1층 ............... 개
합계 ............... 개

**6**

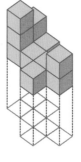

3층 ............... 개
2층 ............... 개
1층 ............... 개
합계 ............... 개

8 문제 중 ◯ 문제 맞았어!

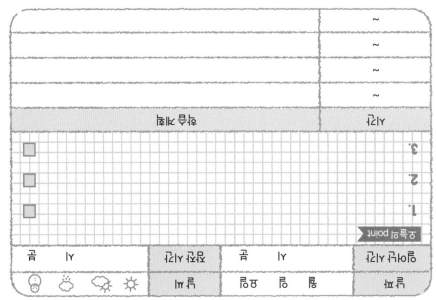

나의 생활 일기      어제의 하루 상태도: 1 2 3 4 5

| 날짜 | 월 일 요일 | 날씨 | ☀ ☁ ☂ 🌧 |
| --- | --- | --- | --- |
| 일어나는 시간 | 시 분 | 잠자는 시간 | 시 분 |

오늘의 point

1. ☐
2. ☐
3. ☐

| 시기 | 학습 계획 |
| --- | --- |
| ~ | |
| ~ | |
| ~ | |
| ~ | |

---

7

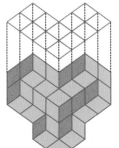

합계 ............ 개
1층 ............ 개
2층 ............ 개
3층 ............ 개

8

합계 ............ 개
1층 ............ 개
2층 ............ 개
3층 ............ 개
4층 ............ 개

# 45 원주구하기

소리내읽기

**원의 둘레의 길이를 원주라고 합니다.**

원에서 원주와 지름의 길이에 대한 비율은 항상
일정한데 이 비율을 원주율이라 합니다.
원주율은 3.141592...와 같이 끝없이 계산되어
편의상 3.14로 사용합니다.
그래서 원주(원의 둘레)=(지름)×3.14(원주율)
입니다.

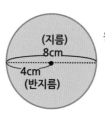

원주=지름×원주율

　　=반지름×2×원주율

　　=반지름×2×3.14

소리내풀기

## 아래 원의 원의 둘레의 길이를 구하세요

**1**
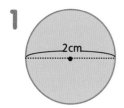
2cm

..................... cm

**3**
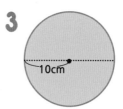
10cm

..................... cm

**2**
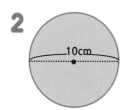
10cm

..................... cm

**4**
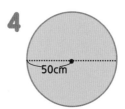
50cm

..................... cm

 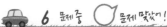

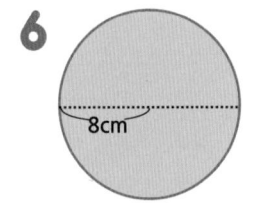

**5**

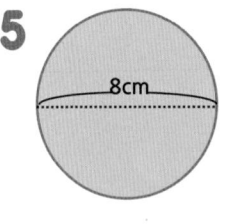

8cm

(식) .............................................

(답) .................. cm

**6**

8cm

(식) .............................................

(답) .................. cm

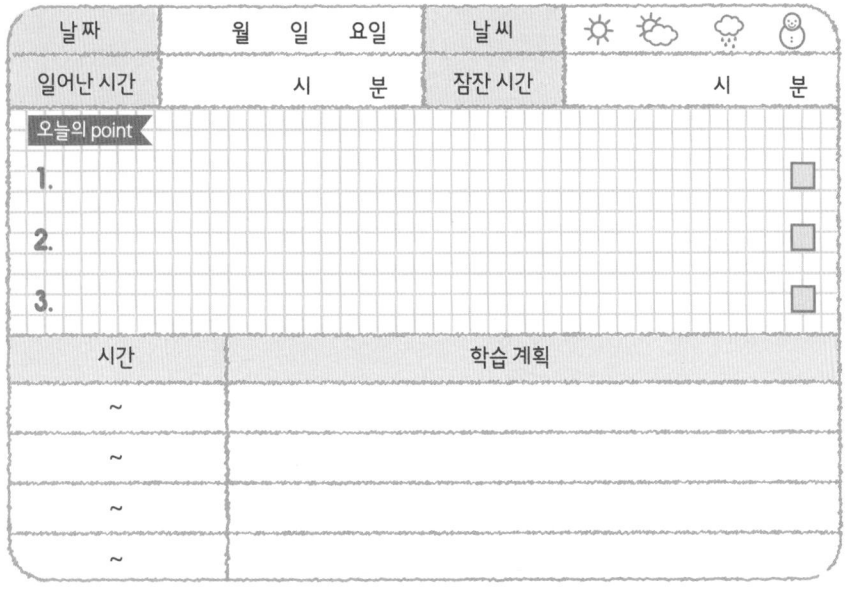

나의 생활 일기

어제의 학업 성취도 : 1  2  3  4  5

| 날짜 | 월   일   요일 | 날씨 | ☀ ⛅ 🌧 ⛄ |
|------|----------------|------|-----------|
| 일어난 시간 | 시   분 | 잠잔 시간 | 시   분 |

오늘의 point

1.   ☐

2.   ☐

3.   ☐

| 시간 | 학습 계획 |
|------|-----------|
| ~ | |
| ~ | |
| ~ | |
| ~ | |

**원의 넓이=반지름×반지름×원주율(3.14)**

옆의 그림에서와 같이 원을 한없이 잘게 잘라서
옆으로 붙이면 그옆 그림과 같이 직사각형이 됩니다.
더 한없이 자르면 조금 튀어나온것도 거의 없어져서
직사각형이 됩니다.
그래서 원의 넓이는 옆의 직사각형의 넓이가
됩니다.(원주의 반×반지름)

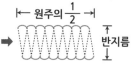

원주의 $\frac{1}{2}$ / 반지름

원의 넓이=반지름×원주의 $\frac{1}{2}$

=반지름×지름×3.14×$\frac{1}{2}$

=반지름×반지름×3.14

## 아래 원의 넓이를 구하세요

**1**

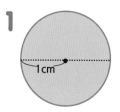

1cm

.................... cm²

**3**

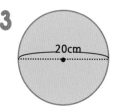

20cm

.................... cm²

**2**

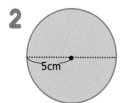

5cm

.................... cm²

**4**

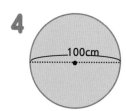

100cm

.................... cm²

6 문제중  문제 맞았기!

**5**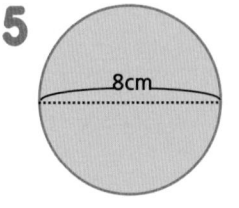

8cm

**6**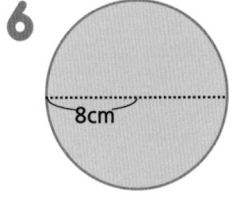

8cm

(식) _____

(답) _____ cm²

(식) _____

(답) _____ cm²

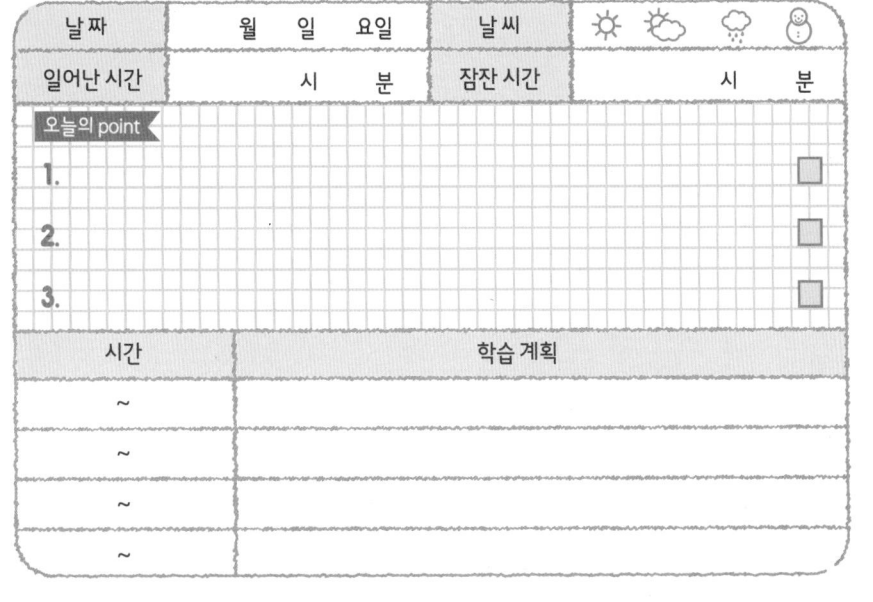

나의 생활 일기  어제의 학업 성취도 : **1 2 3 4 5**

| 날짜 | 월  일  요일 | 날씨 | ☀ ☁ 🌧 ⛄ |
| 일어난 시간 | 시  분 | 잠잔 시간 | 시  분 |

오늘의 point
1.
2.
3.

| 시간 | 학습 계획 |
| ~ | |
| ~ | |
| ~ | |
| ~ | |

소리내
풀기 아래 원의 원주와 넓이를 구하세요.

**1**

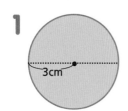
3cm

원주 ................. cm
넓이 ................. cm²

**3**

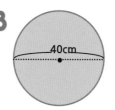
40cm

원주 ................. cm
넓이 ................. cm²

**2**

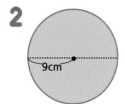
9cm

원주 ................. cm
넓이 ................. cm²

**4**

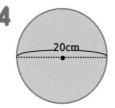
20cm

원주 ................. cm
넓이 ................. cm²

🚗 6 문제 중 ◯ 문제 맞았어!

**5**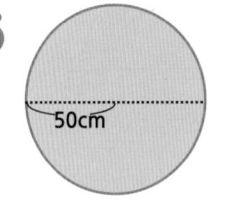

50cm

**6**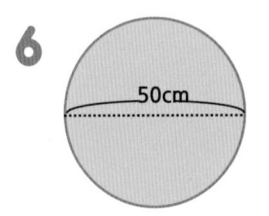

50cm

원주 ................ cm

넓이 ................ cm²

원주 ................ cm

넓이 ................ cm²

 나의 생활 일기

어제의 학업 성취도 : **1  2  3  4  5**

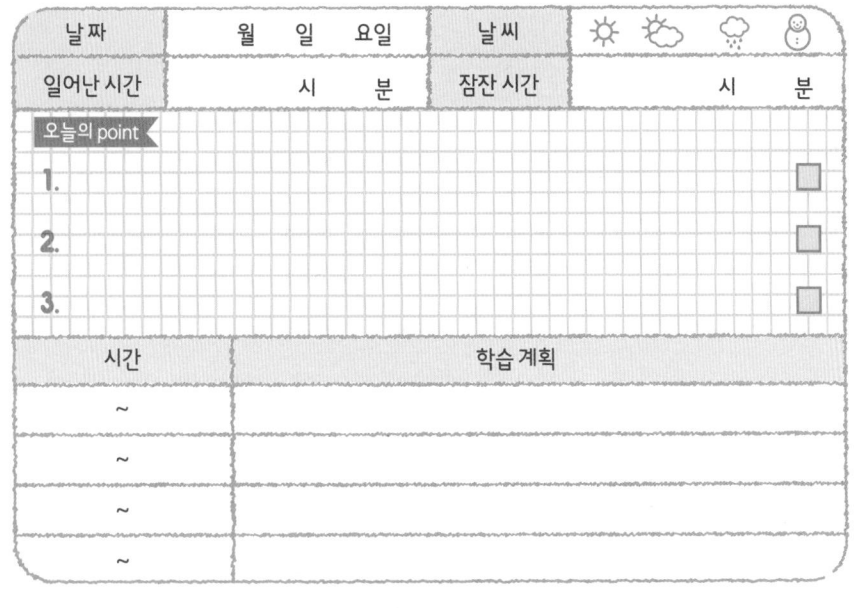

| 날짜 | 월  일  요일 | 날씨 |  |
|------|------------|------|------|
| 일어난 시간 | 시   분 | 잠잔 시간 | 시   분 |

오늘의 point

1.

2.

3.

| 시간 | 학습 계획 |
|------|-----------|
| ~ | |
| ~ | |
| ~ | |
| ~ | |

 소리내 풀기

원의 넓이를 알때 반지름이나, 지름을 구해보세요.

**1**

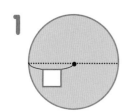

넓이    50.24 cm²
반지름         cm

**3**

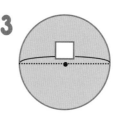

넓이    28.26 cm²
지름          cm

**2**

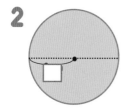

넓이    153.86 cm²
반지름         cm

**4**

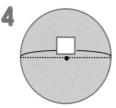

넓이   254.34 cm²
지름          cm

 6 문제 중    문제 맞았어!

**5**

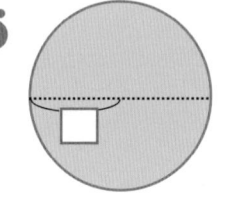

넓이   28.26 cm²

반지름           cm

**6**

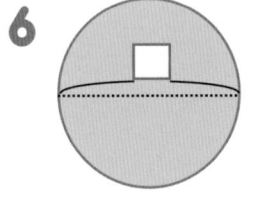

넓이 200.96 cm²

지름           cm

 **나의 생활 일기**

어제의 학업 성취도 : **1   2   3   4   5**

| 날짜 | 월   일   요일 | 날씨 | ☀  ⛅  ☁  ⛄ |
|---|---|---|---|
| 일어난 시간 | 시     분 | 잠잔 시간 | 시     분 |

오늘의 point

1. ☐

2. ☐

3. ☐

| 시간 | 학습 계획 |
|---|---|
| ~ | |
| ~ | |
| ~ | |
| ~ | |

# 49 띠그래프

소리내
읽기

**전체에 대한 각 부분의 비율을 띠모양으로 나타낸 그래프를 띠 그래프라고 합니다.**

| 스포츠명 | 야 구 | 축 구 | 농 구 | 기 타 | 계 |
|---------|------|------|------|------|-----|
| 학생수 | 16 | 12 | 4 | 8 | 40 |
| 백분율(%) | 40 | 30 | 10 | 20 | 100 |

위의 표는 대환이반 아이들의 좋아하는 스포츠를 백분율로 나타낸 표입니다.
이것을 띠그래프로 그리면 아래와 같이 됩니다. (작은칸 1칸은 5%입니다.)

```
0   10   20   30   40   50   60   70   80   90   100
```

| 야 구 40% | 축 구 30% | 농 구 10% | 기 타 20% |

백분율로 나타내기 : $\dfrac{\text{야구를 좋아하는 학생수}}{\text{반 전체학생수}} \times 100 = \dfrac{16명}{40명} \times 100 = 40\%$

소리내
풀기

# 백분율 표를 보고 빈칸을 채우고, 띠그래프를 그려 보세요.

**1** 좋아하는 과목

| 과목명 | 국 어 | 수 학 | 영 어 | 기 타 | 계 |
|--------|------|------|------|------|-----|
| 학생수 | 15 | 20 | 10 | 5 | 50 |
| 백분율(%) | 30 | 40 | 20 | 10 | |

```
0   10   20   30   40   50   60   70   80   90   100
```

**2** 좋아하는 과일

| 과일명 | 사 과 | 딸 기 | 포 도 | 기 타 | 계 |
|--------|------|------|------|------|-----|
| 학생수 | 12 | 6 | 9 | 3 | 30 |
| 백분율(%) | | 20 | 30 | 10 | 100 |

```
0   10   20   30   40   50   60   70   80   90   100
```

3 문제 중 ⭕ 문제 맞았어!

**3** 제일 일찍 등교한 횟수

| 이름 | 대 환 | 상 윤 | 세 린 | 기 타 | 계 |
|---|---|---|---|---|---|
| 학생수 | 8 | 6 | 4 | 2 | 20 |
| 백분율(%) | | | | 10 | 100 |

```
0    10   20   30   40   50   60   70   80   90  100
|----|----|----|----|----|----|----|----|----|----|
```

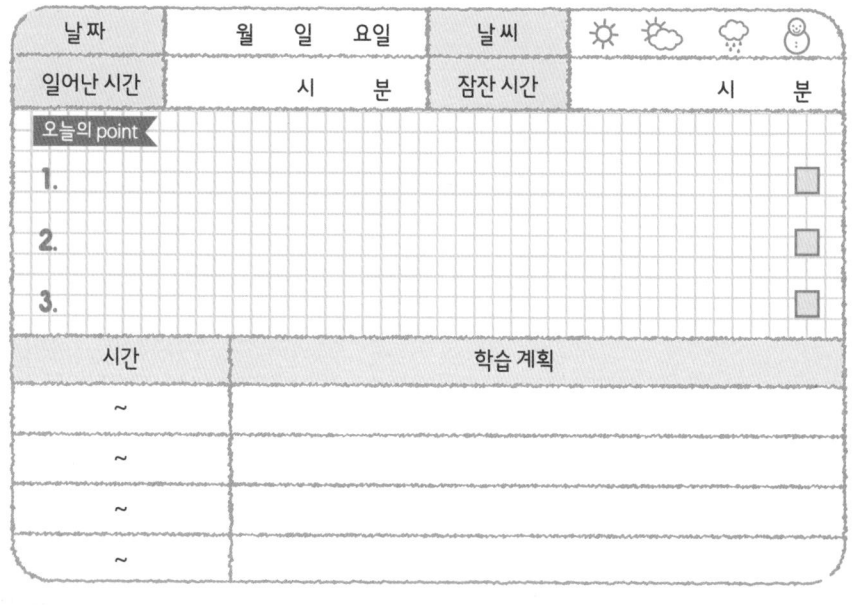

🐦 **나의 생활 일기**

어제의 학업 성취도 : **1**  **2**  **3**  **4**  **5**

| 날짜 | 월  일  요일 | 날씨 | ☀  ⛅  ☁  ⛄ |
|---|---|---|---|
| 일어난 시간 | 시        분 | 잠잔 시간 | 시      분 |

**오늘의 point**

1. ☐

2. ☐

3. ☐

| 시간 | 학습 계획 |
|---|---|
| ~ | |
| ~ | |
| ~ | |
| ~ | |

# 50 원그래프

월   일
분   초

 소리내 읽기

**전체에 대한 각 부분의 비율을 띠모양으로 나타낸 그래프를 띠 그래프라고 합니다.**

| 스포츠명 | 야 구 | 축 구 | 농 구 | 기 타 | 계 |
|---|---|---|---|---|---|
| 학생수 | 16 | 12 | 4 | 8 | 40 |
| 백분율(%) | 40 | 30 | 10 | 20 | 100 |

위 표를 원 그래프로 그리면 아래와 같이 됩니다.(작은칸 1칸은 5%입니다.)

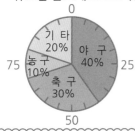

축구를 좋아하는 학생의 백분율

$$= \frac{축구를 좋아하는 학생수}{반 전체학생수} \times 100 = \frac{12명}{40명} \times 100 = 30\%$$

농구를 좋아하는 학생의 백분율

$$= \frac{농구를 좋아하는 학생수}{반 전체학생수} \times 100 = \frac{4명}{40명} \times 100 = 10\%$$

 소리내 풀기

**백분율 표를 보고 빈칸을 채우고, 아래에 원그래프를 그려보세요.**

**1** 좋아하는 과목

| 과목명 | 국 어 | 수 학 | 영 어 | 기 타 | 계 |
|---|---|---|---|---|---|
| 학생수 | 15 | 20 | 10 | 5 | 50 |
| 백분율(%) | 30 | 40 | 20 | 10 | 100 |

**2** 좋아하는 과일

| 과일명 | 사 과 | 딸 기 | 포 도 | 기 타 | 계 |
|---|---|---|---|---|---|
| 학생수 | 12 | 6 | 9 | 3 | 30 |
| 백분율(%) | 40 | | 30 | | 100 |

**1**
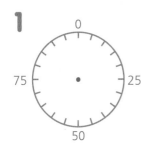

**2**
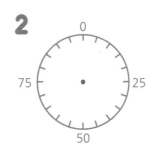

3 문제 중   문제 맞았어!

**3** 점심식사를 제일 먼저한 횟수

| 이 름 | 윤 희 | 민 재 | 한 솔 | 기 타 | 계 |
|---|---|---|---|---|---|
| 학생수 | 20 | 15 | 10 | 5 | 50 |
| 백분율(%) | | | | | 100 |

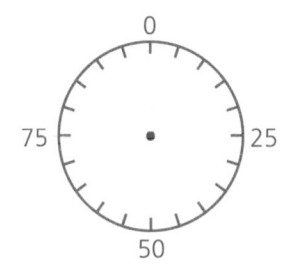

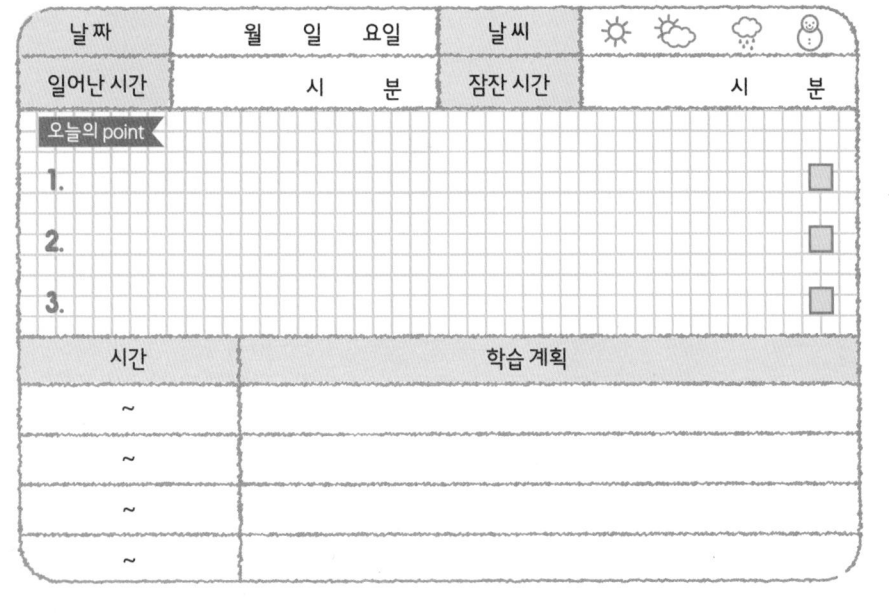

## 나의 생활 일기

어제의 학업 성취도 : **1  2  3  4  5**

| 날 짜 | 월   일   요일 | 날 씨 |  |
|---|---|---|---|
| 일어난 시간 | 시     분 | 잠잔 시간 | 시     분 |

오늘의 point

1. ☐

2. ☐

3. ☐

| 시간 | 학습 계획 |
|---|---|
| ~ | |
| ~ | |
| ~ | |
| ~ | |

# 51 비례식

**비례식, 전항과 후항, 외항과 내항**

2:3=4:6과 같이 비율이 같은 두 비를 등식
으로 나타낸식을 비례식이라고 하고,
이때 2와 3을 항이라고 하고 앞에 있는
2를 전항, 뒤에있는 3을 후항이라고 합니다.
비례식에서 안에있는 3과 4를 내항이라고하고,
바깥쪽에 있는 2와 6을 외항이라고 합니다.

$$
\underset{\text{전항}\ \ \text{후항}}{2\ :\ 3}
\qquad
\underset{\text{외항}}{\overset{\overset{\text{내항}}{\frown}}{2\ :\ 3\ =\ 4\ :\ 6}}
$$

## 아래의 비를 보고 물음에 답하세요

**1** 4:3

전항 : ..................

후항 : ..................

**2** 5:9

전항 : ..................

후항 : ..................

**3** 12:15

전항 : ..................

후항 : ..................

**4** 2:3=6:9

내항 : ..................

외항 : ..................

**5** 4:7=8:14

내항 : ..................

외항 : ..................

**6** 12:15=24:30

내항 : ..................

외항 : ..................

**7** 6:5

전항 : ....................

후항 : ....................

**9** 6:5=30:25

내항 : ....................

외항 : ....................

**8** 25:29

전항 : ....................

후항 : ....................

**10** 7:12=14:24

내항 : ....................

외항 : ....................

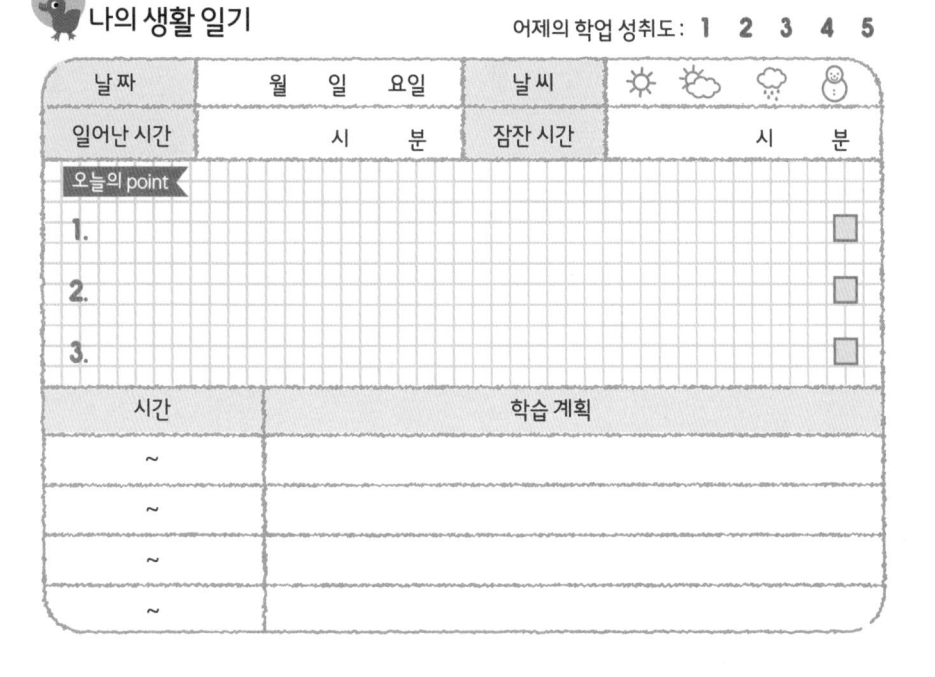

🐤 나의 생활 일기

어제의 학업 성취도 : **1  2  3  4  5**

| 날짜 | 월   일   요일 | 날씨 | ☀  ⛅  🌧  ⛄ |
|---|---|---|---|
| 일어난 시간 | 시   분 | 잠잔 시간 | 시   분 |

**오늘의 point**

1.  ☐

2.  ☐

3.  ☐

| 시간 | 학습 계획 |
|---|---|
| ~ | |
| ~ | |
| ~ | |
| ~ | |

# 52 비례식의 성질(1)

소리내 읽기

**비례식의 전항과 후항에 0이 아닌 같은 수를 곱하여도 비율은 같습니다.**

2:3의 비례식에서 전항에 4를 곱하고, 후항에
4를 곱하면 8:12로 같은 비율의 비례식이 되며
2:3=8:12라고 쓸 수 있습니다.
이와 같이 전항과 후항에 0이 아닌 같은 수를
곱하면 항상 같은 비율의 비례식이 되고
같다(등호,=)고 표시합니다.

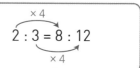

소리내 풀기

**아래의 비례식을 같은 비율의 비례식이 되도록 빈칸을 채우세요.**

**1** 2:3=16:☐

**7** 2:3=☐:18

**2** 4:5=16:☐

**8** 4:5=☐:25

**3** 5:3=10:☐

**9** 5:3=☐:30

**4** 6:7=18:☐

**10** 6:7=☐:49

**5** 15:17=45:☐

**11** 15:17=☐:34

**6** 12:19=84:☐

**12** 12:19=☐:38

20문제 중 ◯문제 맞았기!

103

**13** 2:3=18: ☐

**17** 2:3= ☐ :30

**14** 4:5=20: ☐

**18** 4:5= ☐ :50

**15** 5:3=15: ☐

**19** 5:3= ☐ :15

**16** 6:7=36: ☐

**20** 6:7= ☐ :77

🐦 나의 생활 일기

어제의 학업 성취도 : **1   2   3   4   5**

| 날 짜 | 월   일   요일 | 날 씨 | ☀ ⛅ 🌧 ⛄ |
|---|---|---|---|
| 일어난 시간 | 시      분 | 잠잔 시간 | 시      분 |

오늘의 point

1. ☐

2. ☐

3. ☐

| 시간 | 학습 계획 |
|---|---|
| ~ | |
| ~ | |
| ~ | |
| ~ | |

# 53 비례식의 성질(2)

**비례식의 전항과 후항에 0이 아닌 같은 수를 나누어도 비율은 같습니다.**

24:15의 비례식에서 전항에 3을 나누고, 후항에
3을 나누면 8:5로 같은 비율의 비례식이 되며
24:15=8:5라고 쓸 수 있습니다.
이와 같이 전항과 후항에 0이 아닌 같은 수를
나누어도 항상 같은 비율의 비례식이 되고
같다(등호,=)고 표시합니다.

$$\overset{\div 3}{24 : 15} = 8 : 5$$
$$\underset{\div 3}{}$$

**아래의 비례식을 같은 비율의 비례식이 되도록 빈칸을 채우세요.**

**1** 25:30=5:☐

**7** 10:30=☐:3

**2** 14:21=2:☐

**8** 15:30=☐:2

**3** 22:11=2:☐

**9** 36:28=☐:7

**4** 38:22=19:☐

**10** 63:36=☐:4

**5** 69:33=23:☐

**11** 56:40=☐:5

**6** 25:35=5:☐

**12** 35:25=☐:5

  20 문제 중 〇 문제 맞았어!

**13** 20:24=5: ☐

**17** 12:16=☐:4

**14** 27:36=9: ☐

**18** 60:30=☐:15

**15** 48:32=3: ☐

**19** 20:10=☐:5

**16** 49:42=7: ☐

**20** 50:80=☐:8

 나의 생활 일기

어제의 학업 성취도 : **1** **2** **3** **4** **5**

| 날짜 | 월 일 요일 | 날씨 | ☀ ☁ ☂ ☃ |
|---|---|---|---|
| 일어난 시간 | 시 분 | 잠잔 시간 | 시 분 |

오늘의 point

1. ☐

2. ☐

3. ☐

| 시간 | 학습 계획 |
|---|---|
| ~ | |
| ~ | |
| ~ | |
| ~ | |

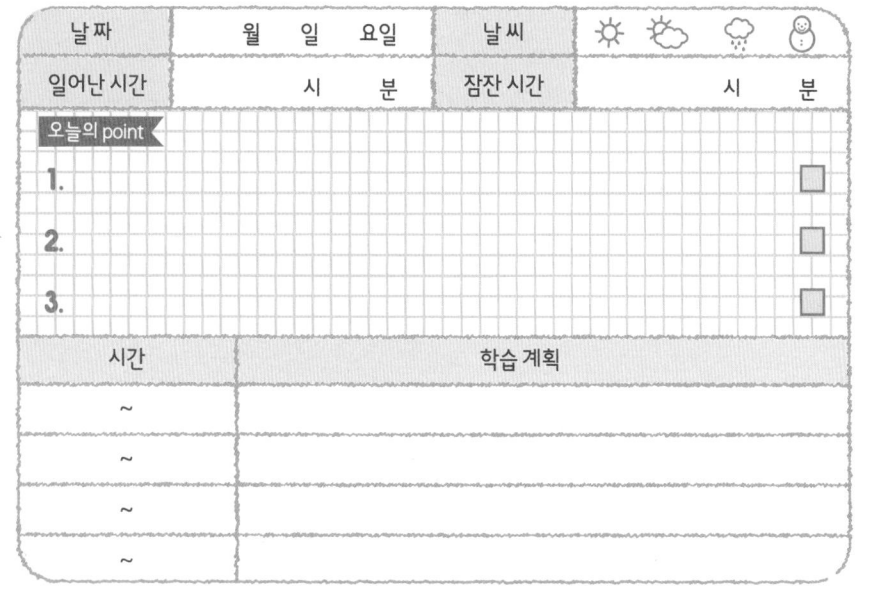

# 54 가장 작은 자연수의 비(1)

소리내
읽기

**분수의 비는 각 분모의 최소공배수를 곱하면 가장 작은 자연수의 비가 됩니다.**

$\frac{1}{2} : \frac{3}{4}$의 각 분모인 2와 4의 최소공배수인 4를
각 항에 곱하면 2:3이 되고, 가장 작은 자연수의
비가 됩니다.(통분한 분자의 비와 같습니다.)
가장 작은 자연수의 비는 각 항의 공약수가
1뿐인 자연수로 된 비례식입니다.

$$\frac{1}{2} : \frac{3}{4} = \frac{1}{2} \times 4 : \frac{3}{4} \times 4 = 2 : 3$$

소리내
풀기

**아래의 비례식을 가장 작은 자연수의 비로 나타내세요.**

**1** $\frac{1}{3} : \frac{1}{8} =$

**6** $\frac{5}{6} : \frac{1}{4} =$

**2** $\frac{1}{9} : \frac{1}{3} =$

**7** $\frac{2}{3} : \frac{1}{5} =$

**3** $\frac{1}{2} : \frac{1}{4} =$

**8** $\frac{3}{4} : \frac{1}{8} =$

**4** $\frac{1}{3} : \frac{1}{4} =$

**9** $\frac{1}{9} : \frac{2}{5} =$

**5** $\frac{1}{7} : \frac{1}{11} =$

**10** $\frac{5}{16} : \frac{3}{4} =$

16 문제 중 ◯ 문제 맞았어!

**11** $\dfrac{1}{4} : \dfrac{1}{12} =$

**14** $\dfrac{5}{8} : \dfrac{5}{6} =$

**12** $\dfrac{1}{9} : \dfrac{1}{27} =$

**15** $\dfrac{5}{12} : \dfrac{2}{15} =$

**13** $\dfrac{1}{16} : \dfrac{1}{24} =$

**16** $\dfrac{7}{12} : \dfrac{9}{16} =$

 나의 생활 일기

어제의 학업 성취도 : **1** **2** **3** **4** **5**

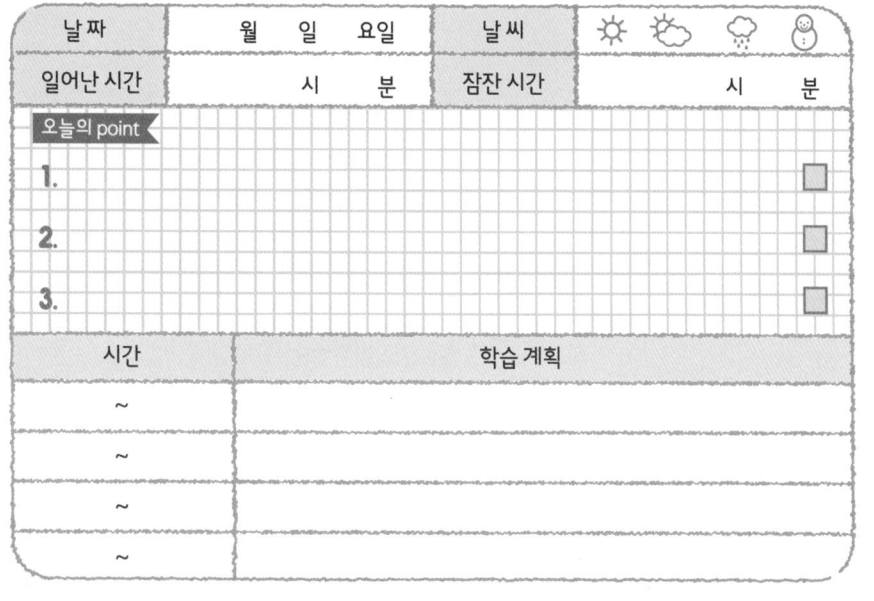

| 날짜 | 월 일 요일 | 날씨 |  |
|---|---|---|---|
| 일어난 시간 | 시 분 | 잠잔 시간 | 시 분 |

오늘의 point

1.  ☐

2.  ☐

3.  ☐

| 시간 | 학습 계획 |
|---|---|
| ~ | |
| ~ | |
| ~ | |
| ~ | |

# 55 가장 작은 자연수의 비(2)

소리내 읽기

**자연수의 비는 각 항의 최대공약수를 곱하면 가장 작은 자연수의 비가 됩니다.**

24:16의 비례식에서 전항과 후항의 최대공약수인 8로 각항을 나누면 3:2가 되고, 가장 작은 자연수의 비가 됩니다.

소수의 비는 각항에 10,100..을 곱하여 자연수를 만든다음, 각 항의 자연수의 최대공약수로 나누면 가장 작은 자연수의 비가 됩니다.

$$0.24 : 0.16 = 24 : 16$$

24와 16의 최대공약수인 8로 나눔

$$24 : 16 = 3 : 2$$

24와 16의 최대공약수인 8로 나눔

소리내 풀기

**아래의 비례식을 가장 작은 자연수의 비로 나타내세요.**

**1** 18:14=

**2** 21:12=

**3** 24:21=

**4** 32:20=

**5** 36:28=

**6** 2.5:3.5=

**7** 2.8:2.1=

**8** 3.6:2.8=

**9** 0.54:0.36=

**10** 0.45:0.3=

16 문제 중    문제 맞았기!

**11** 64:24=

**14** 3.6:1.2=

**12** 36:54=

**15** 2.4:3.6=

**13** 45:25=

**16** 3.2:2.4=

 나의 생활 일기

어제의 학업 성취도: **1 2 3 4 5**

| 날짜 | 월 일 요일 | 날씨 | ☀ ☁ ☂ ☃ |
|------|-----------|------|----------|
| 일어난 시간 | 시 분 | 잠잔 시간 | 시 분 |

오늘의 point

1. ☐

2. ☐

3. ☐

| 시간 | 학습 계획 |
|------|-----------|
| ~ | |
| ~ | |
| ~ | |
| ~ | |

# 56 비례식의 성질(3)

소리내 읽기

**비례식에서 내항의 곱과 외항의 곱은 항상 같습니다.**

2:3=4:6과 같이 같은 비례식에서
내항인 3과 4의 곱은 외항인 2와 6의 곱은
항상 같습니다.
내항의 곱과 외항의 곱이 같지 않으면 비례식이
아닙니다.

내항의 곱 : 3×4=12
2 : 3 = 4 : 6
외항의 곱 : 2×6=12

소리내 풀기

## 아래의 식을 보고 물음에 답하세요

**1** 2 : 3 = 6 : 9

외항의 곱 : ..................

내항의 곱 : ..................

**4** 0.4 : 3.6 = 2 : 18

외항의 곱 : ..................

내항의 곱 : ..................

**2** 4 : 7 = 8 : 14

외항의 곱 : ..................

내항의 곱 : ..................

**5** 1.6 : 3.6 = 4 : 9

외항의 곱 : ..................

내항의 곱 : ..................

**3** 12 : 15 = 24 : 30

외항의 곱 : ..................

내항의 곱 : ..................

**6** 5.6 : 2.4 = 7 : 3

외항의 곱 : ..................

내항의 곱 : ..................

10 문제 중 ◯ 문제 맞춤!

**7** 9:8=18:16

외항의 곱 : ....................

내항의 곱 : ....................

**9** 0.8:1.1=8:11

외항의 곱 : ....................

내항의 곱 : ....................

**8** 5:4=20:16

외항의 곱 : ....................

내항의 곱 : ....................

**10** 0.7:1.2=14:24

외항의 곱 : ....................

내항의 곱 : ....................

## 🐦 나의 생활 일기

어제의 학업 성취도 : **1 2 3 4 5**

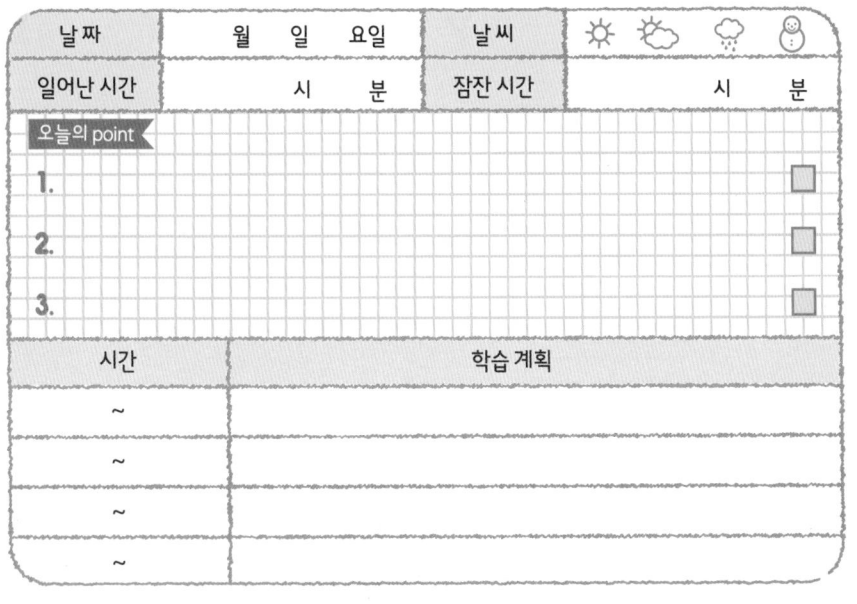

| 날 짜 | 월   일   요일 | 날 씨 | ☀ ⛅ 🌧 ⛄ |
|-------|--------------|-------|-----------|
| 일어난 시간 | 시     분 | 잠잔 시간 | 시     분 |

오늘의 point

1.  ☐

2.  ☐

3.  ☐

| 시간 | 학습 계획 |
|------|----------|
| ~ | |
| ~ | |
| ~ | |
| ~ | |

# 57 비례식 풀기

**외항의 곱과 내항의 곱은 항상 같음을 이용하면 비례식을 쉽게 풀 수 있습니다.**

소리내 읽기

2:3=□:6에서
내항의 곱과 외항의 곱이 같으므로
3×□=2×6으로 나타낼 수 있고,
등식은 양쪽에 같은 수를 곱하거나, 나누어도
항상 같으므로, 3으로 나누어지면 좌변은
□만 남고 우변은 2×6÷3=4가 되므로 4입니다.

$$2 : 3 = □ : 6$$
내항의 곱(3×□) = 외항의 곱(2×6)
$$3×□ ÷3 = 2×6÷3$$
$$□ = 4$$

소리내 풀기

**아래 비례식을 위와같이 비례식의 성질을 이용하여 풀어보세요.**

**1** 2:3=8:□

**2** 4:5=8:□

**3** 8:7=16:□

**4** 6:9=18:□

**5** 10:30=□:6

**6** 14:18=□:9

**7** 12:36=□:6

**8** 27:21=□:7

12 문제 중 ◯ 문제 맞았어!

113

**9** 6:5=18: ☐

**11** 15:13=☐:39

**10** 4:9=16: ☐

**12** 27:13=☐:156

---

🐦 나의 생활 일기　　　　　　어제의 학업 성취도 : **1 2 3 4 5**

| 날짜 | 월　일　요일 | 날씨 | ☀ ☁ ☂ ☃ |
|---|---|---|---|
| 일어난 시간 | 시　분 | 잠잔 시간 | 시　분 |

오늘의 point

1. ☐
2. ☐
3. ☐

| 시간 | 학습 계획 |
|---|---|
| ~ | |
| ~ | |
| ~ | |
| ~ | |

# 58 연비

**셋이상의 양의 비를 한꺼번에 나타낸 것을 연비라고 합니다.**

윤희와 대환, 상윤이는 9살, 12살,13살입니다.
윤희와 대환의 비율은 9:12,대환이와 상윤의 비는
12:13이므로 윤희,대환,상윤의 연비는 9:12:13
입니다. 두 비의 관계를 연비로 나타낼때는 공통인
항의 수가 같게 되도록 하여야 연비를 나타낼 수
있습니다. 비는 같은 수를 각 항에 곱하거나 나누어도 항상 같습니다.

| 윤희 : 대환 : 상윤 | 대환과 상윤의 비가 |
|---|---|
| 9 : 12 | 6:7이면 각항에 2를 |
| 12 : 13 | 곱해 대환의 비를 |
| 9 : 12 : 13 | 12로 만들고, 연비로 나타냅니다. |

**아래의 비를 보고 가,나,다의 연비를 구하세요.**

**1** 가 : 나    = 2 : 4
　　나 : 다 =    4 : 3
_____

가 : 나 : 다 =    :    :
⋯⋯⋯⋯⋯⋯⋯⋯⋯⋯⋯⋯⋯

**3** 가 : 나    = 2 : 4
　　나 : 다 =    2 : 3
_____

나:다의 각항에 2를 곱해 나:다의 비를 4:6로
만든 후 연비로 나타내세요.

가 : 나 : 다 =    :    :
⋯⋯⋯⋯⋯⋯⋯⋯⋯⋯⋯⋯⋯

**2** 가 : 나    = 11 : 12
　　나 : 다 =    12 : 13
_____

가 : 나 : 다 =    :    :
⋯⋯⋯⋯⋯⋯⋯⋯⋯⋯⋯⋯⋯

**4** 가 : 나    = 11 : 12
　　나 : 다 =    6 : 12
_____

가 : 나 : 다 =    :    :
⋯⋯⋯⋯⋯⋯⋯⋯⋯⋯⋯⋯⋯

6 문제 중 　 문제 맞았어!

**5** 가 : 나 : 다 = 5 : 7

　　나 : 다 = 　21 : 7

　　가 : 나 : 다 = 　　 : 　 :

**6** 가 : 나　 = 8 : 3

　　가 :　 다 = 2 :　 3

　　가 : 나 : 다 = 　　 : 　 :

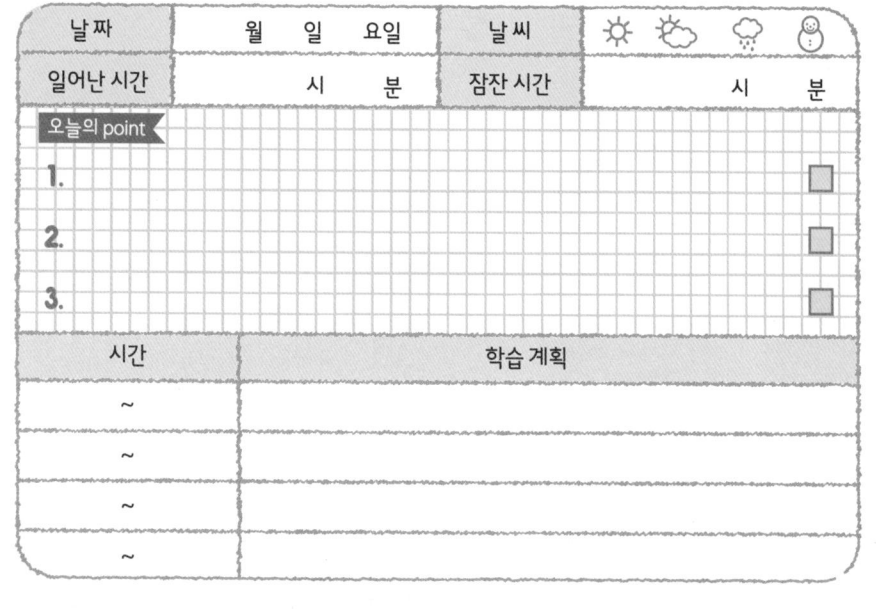

🐤 **나의 생활 일기**

어제의 학업 성취도 : **1　2　3　4　5**

| 날짜 | 월　일　요일 | 날씨 |  |
|---|---|---|---|
| 일어난 시간 | 시　　분 | 잠잔 시간 | 시　　분 |

오늘의 point

1.

2.

3.

| 시간 | 학습 계획 |
|---|---|
| ~ | |
| ~ | |
| ~ | |
| ~ | |

소리내 읽기

**연비도 비와 같이 0이 아닌 수를 각항에 곱하거나 나누어도 비율은 같습니다.**

$\frac{1}{2} : \frac{3}{4} : \frac{3}{8}$ 의 각 분모인 2, 4, 8의 **최소공배수인** 8을 각 항에 곱하면 4:6:3이 되고, 가장 작은 자연수의 비가 됩니다.(통분한 분자의 비와 같습니다.) 자연수의 연비는 그들의 **최대공약수**로 나누어주면 가장 작은 자연수의 비가 됩니다.

$$\frac{1}{2} : \frac{3}{4} : \frac{3}{8} = \frac{1}{2} \times 8 : \frac{3}{4} \times 8 : \frac{3}{8} \times 8$$
$$= 4 : 6 : 3$$

소리내 풀기

**아래의 비례식을 가장 작은 자연수의 비로 나타내세요.**

**1** $\frac{1}{3} : \frac{1}{6} : \frac{1}{12} =$

**5** $9:15:18=$

**2** $\frac{1}{4} : \frac{1}{2} : \frac{1}{8} =$

**6** $6:8:12=$

**3** $\frac{5}{6} : \frac{3}{8} : \frac{7}{12} =$

**7** $12:20:28=$

**4** $\frac{2}{3} : \frac{4}{15} : \frac{3}{5} =$

**8** $15:30:45=$

14 문제 중 ◯ 문제 맞았어!

**나의 생활 일기**

아서의 하루 상태도 : 1 2 3 4 5

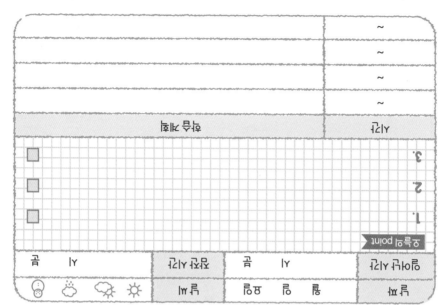

| 날짜 | 월 일 요일 | 날씨 | 일어난 시간 | | 잠잔 시간 | 시 분 |
|---|---|---|---|---|---|---|
| | | ☀ ☁ ☂ ☺ | 시 분 | | | |

 오늘의 point

1. ☐

2. ☐

3. ☐

| 시간 | 하루 계획 |
|---|---|
| | ~ |
| | ~ |
| | ~ |
| | ~ |

**9** $\dfrac{1}{4} : \dfrac{7}{16} : \dfrac{5}{12} =$

**10** $\dfrac{5}{6} : \dfrac{1}{2} : \dfrac{7}{24} =$

**11** $\dfrac{1}{15} : \dfrac{3}{5} : \dfrac{7}{20} =$

**12** 36:28:16=

**13** 14:56:42=

**14** 54:12:36=

# 60 비례배분

**전체를 주어진 비로 배분하는 것을 비례배분이라고 합니다.**

연필 12자루를 가와 나에게 3:1의 비율로
나눠주려면 (가:나=3:1)

가=전체$\times \dfrac{\blacklozenge}{\blacklozenge+\blacksquare}$ = $12 \times \dfrac{3}{3+1}$ = $12 \times \dfrac{3}{4}$ = 9

나=전체$\times \dfrac{\blacksquare}{\blacklozenge+\blacksquare}$ = $12 \times \dfrac{1}{3+1}$ = $12 \times \dfrac{1}{4}$ = 3

가에게 9개, 나에게 3개를 주면 됩니다.

> 전체를 가와 나에게 ◆:■로
> 비례 배분하려면(가:나=◆:■)
>
> 가=전체$\times \dfrac{\blacklozenge}{\blacklozenge+\blacksquare}$
>
> 나=전체$\times \dfrac{\blacksquare}{\blacklozenge+\blacksquare}$

**주어진 비로 배분해 보세요.**

**1** 연필 10자루

대환 : 민재 = 3 : 2

**3** 용돈 1500원

영재 : 현주 = 2 : 1

대환 ___ 자루, 민재 ___ 자루          영재 ___ 원, 현주 ___ 원

**2** 공책 21권

한솔 : 윤희 = 4 : 3

**4** 사과 40개

세린 : 상윤 = 1 : 4

한솔 ___ 권, 윤희 ___ 권          세린 ___ 개, 상윤 ___ 개

6 문제 중 ◯ 문제 맞았어!

**5** 연필 182자루

정희 : 민지 = 9 : 4

**6** 용돈 13200원

영훈 : 지연 = 7 : 4

정희 _____ 자루, 민지 _____ 자루    영훈 _____ 원, 지연 _____ 원

 나의 생활 일기

어제의 학업 성취도 : **1  2  3  4  5**

| 날짜 | 월   일   요일 | 날씨 | ☀ ☁ ☂ ⛄ |
|---|---|---|---|
| 일어난 시간 | 시   분 | 잠잔 시간 | 시   분 |

| 오늘의 point | | |
|---|---|---|
| 1. | | ☐ |
| 2. | | ☐ |
| 3. | | ☐ |

| 시간 | 학습 계획 |
|---|---|
| ~ | |
| ~ | |
| ~ | |
| ~ | |

아래 나눗셈을 계산해 보세요.

**1** $\dfrac{5}{21} \div \dfrac{40}{21} =$

**7** $2\dfrac{2}{15} \div \dfrac{16}{15} =$

**2** $\dfrac{1}{2} \div \dfrac{3}{4} =$

**8** $\dfrac{1}{3} \div 5\dfrac{1}{9} =$

**3** $\dfrac{14}{15} \div \dfrac{2}{5} =$

**9** $5\dfrac{1}{4} \div \dfrac{7}{2} =$

**4** $\dfrac{5}{9} \div \dfrac{25}{12} =$

**5** $\dfrac{7}{8} \div \dfrac{2}{3} =$

**10** $\dfrac{11}{12} \div 5\dfrac{1}{2} =$

**6** $\dfrac{7}{4} \div \dfrac{7}{6} =$

**11** $3\dfrac{3}{4} \div \dfrac{5}{6} =$

11 문제 중 ⭕ 문제 맞았기!

아래 나눗셈을 계산해 보세요.

**1** $\dfrac{1}{6} \div \dfrac{5}{6} =$

**7** $5\dfrac{5}{6} \div \dfrac{45}{6} =$

**2** $\dfrac{3}{12} \div \dfrac{9}{4} =$

**8** $\dfrac{5}{18} \div 1\dfrac{8}{27} =$

**3** $\dfrac{7}{24} \div \dfrac{3}{14} =$

**9** $2\dfrac{3}{16} \div \dfrac{5}{8} =$

**4** $\dfrac{8}{15} \div \dfrac{2}{5} =$

**10** $\dfrac{14}{17} \div 5\dfrac{1}{3} =$

**5** $\dfrac{11}{24} \div \dfrac{3}{8} =$

**6** $\dfrac{7}{45} \div \dfrac{7}{15} =$

**11** $2\dfrac{5}{12} \div \dfrac{3}{2} =$

11 문제중 문제 맞았어!

소리내 풀기

아래 나눗셈을 계산해 보세요.

**1** $\dfrac{96}{97} \div \dfrac{90}{97} =$

**7** $5\dfrac{5}{8} \div \dfrac{35}{8} =$

**2** $\dfrac{3}{4} \div \dfrac{60}{12} =$

**8** $\dfrac{3}{20} \div 5\dfrac{1}{4} =$

**3** $\dfrac{35}{42} \div \dfrac{25}{18} =$

**9** $2\dfrac{9}{20} \div \dfrac{35}{10} =$

**4** $\dfrac{7}{16} \div \dfrac{7}{12} =$

**5** $\dfrac{11}{12} \div \dfrac{5}{18} =$

**10** $\dfrac{15}{11} \div 1\dfrac{2}{33} =$

**6** $\dfrac{35}{42} \div \dfrac{45}{36} =$

**11** $1\dfrac{1}{14} \div 1\dfrac{1}{4} =$

11 문제 중 ◯ 문제 맞았어!

123

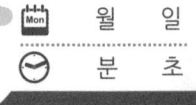

🍎 소리내 풀기　아래 나눗셈을 계산해 보세요.

**1** $\dfrac{49}{89} \div \dfrac{63}{89} =$

**2** $\dfrac{1}{16} \div \dfrac{13}{24} =$

**3** $\dfrac{9}{14} \div \dfrac{2}{21} =$

**4** $\dfrac{7}{18} \div \dfrac{7}{9} =$

**5** $\dfrac{35}{56} \div \dfrac{25}{42} =$

**6** $\dfrac{32}{63} \div \dfrac{12}{54} =$

**7** $5\dfrac{5}{9} \div \dfrac{50}{99} =$

**8** $\dfrac{9}{35} \div 2\dfrac{1}{7} =$

**9** $3\dfrac{4}{7} \div \dfrac{15}{14} =$

**10** $\dfrac{8}{15} \div 5\dfrac{7}{5} =$

**11** $9\dfrac{3}{40} \div \dfrac{9}{40} =$

🚗 11 문제 중 ⭕ 문제 맞았어!

 아래 나눗셈을 소수 둘째자리까지 몫을 구하고, 나머지를 구하세요.

**1**

0.8)1.3

**4**

1.7)5.9

**7**

3.9)7.2 9

**2**

0.7)2.9

**5**

1.8)4.7

**8**

4.2)5.1 6

**3**

0.6)4.1

**6**

2.9)3.6

**9**

8.6)7

# 연습6 소수의 나눗셈(연습2)

월 일

분 초

소리내 풀기 아래 나눗셈을 소수 둘째자리까지 몫을 구하고, 나머지를 구하세요.

**1** $0.4\overline{)1.5}$

**4** $1.9\overline{)4.7}$

**7** $2.8\overline{)6.17}$

**2** $0.9\overline{)3.4}$

**5** $1.5\overline{)9.5}$

**8** $3.7\overline{)4.25}$

**3** $0.8\overline{)5.3}$

**6** $2.7\overline{)6.3}$

**9** $4.9\overline{)9}$

9 문제 중 ( ) 문제 맞았어!

아래 나눗셈을 소수 둘째자리까지 몫을 구하고, 나머지를 구하세요.

**1**

$0.07)\overline{0.1\ 9}$

**4**

$0.62)\overline{0.9\ 4}$

**7**

$3.06)\overline{6.1\ 7}$

**2**

$0.08)\overline{0.5\ 8}$

**5**

$1.25)\overline{0.4\ 9}$

**8**

$3.71)\overline{4.6\ 8}$

**3**

$0.16)\overline{0.2\ 4}$

**6**

$1.78)\overline{0.3\ 4}$

**9**

$6.65)\overline{4}$

**9** 문제 중 ⬭ 문제 맞았어!

# 연습8 소수의 나눗셈 (연습4)

월 일
분 초

소리내 풀기

아래 나눗셈을 소수 둘째자리까지 몫을 구하고, 나머지를 구하세요.

**1**

$1.27\overline{)0.24}$

**4**

$3.68\overline{)0.13}$

**7**

$2.54\overline{)7.56}$

**2**

$1.38\overline{)0.38}$

**5**

$1.57\overline{)0.41}$

**8**

$6.79\overline{)1.58}$

**3**

$3.62\overline{)0.52}$

**6**

$2.71\overline{)0.17}$

**9**

$3.47\overline{)2}$

하루를 준비하는
# 아침5분수학
6학년 1학기 **정답**

**01**
① $\frac{1}{2}$ ② $\frac{1}{2}$ ③ $\frac{3}{5}$ ④ $\frac{1}{3}$ ⑤ $\frac{3}{7}$ ⑥ $1\frac{2}{3}$
⑦ $1\frac{4}{7}$ ⑧ 2 ⑨ 2 ⑩ $1\frac{1}{2}$ ⑪ $\frac{5}{7}$ ⑫ $\frac{14}{19}$
⑬ $\frac{5}{6}$ ⑭ $3\frac{2}{5}$ ⑮ $3\frac{4}{9}$ ⑯ $2\frac{1}{3}$

**02**
① $\frac{3}{10}$ ② $2\frac{2}{5}$ ③ $2\frac{11}{12}$ ④ $1\frac{1}{2}$ ⑤ $\frac{6}{25}$ ⑥ $\frac{11}{12}$
⑦ $2\frac{5}{8}$ ⑧ $2\frac{1}{12}$ ⑨ $\frac{5}{9}$ ⑩ $\frac{5}{24}$ ⑪ $\frac{1}{2}$ ⑫ $1\frac{1}{2}$

**03**
① $\frac{3}{10}$ ② $2\frac{2}{5}$ ③ $2\frac{11}{12}$ ④ $1\frac{1}{2}$ ⑤ $\frac{6}{25}$ ⑥ $\frac{11}{12}$
⑦ $2\frac{5}{8}$ ⑧ $2\frac{1}{12}$ ⑨ $\frac{5}{24}$ ⑩ $\frac{8}{9}$ ⑪ $\frac{5}{8}$ ⑫ $\frac{6}{7}$
⑬ $1\frac{1}{15}$ ⑭ $1\frac{1}{5}$

**04**
① $\frac{2}{3}$ ② $\frac{1}{6}$ ③ $\frac{2}{3}$ ④ $\frac{3}{5}$ ⑤ $\frac{3}{10}$ ⑥ $\frac{5}{21}$
⑦ $\frac{9}{10}$ ⑧ $1\frac{1}{24}$ ⑨ $\frac{7}{20}$ ⑩ $3\frac{5}{9}$ ⑪ $2\frac{1}{2}$ ⑫ $1\frac{1}{11}$
⑬ $\frac{9}{10}$ ⑭ $1\frac{1}{3}$

**05**
① $\frac{5}{6}$ ② $\frac{9}{10}$ ③ $\frac{14}{15}$ ④ $\frac{1}{10}$ ⑤ $\frac{4}{7}$ ⑥ $1\frac{1}{3}$
⑦ $\frac{5}{6}$ ⑧ $\frac{9}{10}$ ⑨ $\frac{1}{10}$ ⑩ $\frac{4}{7}$ ⑪ 15 ⑫ $1\frac{1}{3}$
⑬ $2\frac{1}{12}$ ⑭ $\frac{2}{5}$ ⑮ $\frac{3}{8}$ ⑯ $1\frac{1}{8}$

**06**
① 5 ② 20 ③ 25 ④ 12 ⑤ 4 ⑥ 8
⑦ 35 ⑧ 42 ⑨ 36 ⑩ 60 ⑪ 6 ⑫ 20
⑬ 24 ⑭ 6 ⑮ 15 ⑯ 28

**07**
① $2\frac{1}{2}$ ② $12\frac{1}{2}$ ③ $7\frac{1}{2}$ ④ 18 ⑤ $2\frac{2}{3}$ ⑥ $2\frac{1}{4}$
⑦ 10 ⑧ $6\frac{2}{3}$ ⑨ $4\frac{4}{5}$ ⑩ $10\frac{1}{2}$ ⑪ 4 ⑫ $4\frac{1}{2}$
⑬ $14\frac{2}{5}$ ⑭ $1\frac{1}{5}$ ⑮ $7\frac{1}{2}$ ⑯ $9\frac{1}{3}$

**08**
① 2 ② $\frac{3}{4}$ ③ $1\frac{1}{2}$ ④ $2\frac{2}{3}$ ⑤ $\frac{7}{9}$ ⑥ $4\frac{1}{2}$
⑦ $\frac{9}{10}$ ⑧ $3\frac{5}{9}$ ⑨ $1\frac{1}{11}$ ⑩ $\frac{9}{10}$

**09**
① 2 ② $\frac{3}{4}$ ③ $1\frac{1}{2}$ ④ $1\frac{1}{2}$ ⑤ $2\frac{2}{3}$ ⑥ $\frac{7}{9}$
⑦ $4\frac{1}{2}$ ⑧ $\frac{3}{8}$ ⑨ $\frac{1}{2}$ ⑩ $\frac{2}{3}$ ⑪ $\frac{5}{14}$ ⑫ $\frac{9}{13}$
⑬ $\frac{5}{6}$ ⑭ $1\frac{11}{24}$

**10**
① 6 ② $\frac{1}{6}$ ③ $2\frac{4}{5}$ ④ $\frac{11}{20}$ ⑤ $\frac{2}{3}$ ⑥ $\frac{2}{3}$
⑦ 6 ⑧ $\frac{1}{6}$ ⑨ $\frac{11}{20}$ ⑩ $\frac{2}{3}$ ⑪ $\frac{1}{6}$ ⑫ $\frac{1}{3}$
⑬ $3\frac{3}{7}$ ⑭ $\frac{5}{7}$ ⑮ $4\frac{2}{13}$ ⑯ $\frac{27}{80}$

**11**
① $\frac{1}{2}$ ② $4\frac{1}{2}$ ③ $2\frac{2}{5}$ ④ $\frac{5}{12}$ ⑤ $\frac{1}{2}$ ⑥ $\frac{1}{6}$
⑦ $1\frac{1}{2}$ ⑧ $4\frac{2}{3}$ ⑨ $\frac{7}{12}$ ⑩ $\frac{2}{3}$

**12**
① $\frac{1}{2}$ ② $4\frac{1}{2}$ ③ $2\frac{2}{5}$ ④ 2 ⑤ $\frac{5}{12}$ ⑥ $\frac{1}{2}$
⑦ $\frac{1}{6}$ ⑧ $\frac{1}{4}$ ⑨ $1\frac{1}{2}$ ⑩ $4\frac{2}{3}$ ⑪ $\frac{7}{12}$ ⑫ $\frac{2}{3}$

**13**
① $7\frac{1}{2}$ ② 8 ③ $2\frac{1}{2}$ ④ $\frac{1}{4}$ ⑤ $1\frac{1}{3}$ ⑥ $\frac{2}{3}$
⑦ $7\frac{1}{2}$ ⑧ $2\frac{4}{5}$ ⑨ $\frac{5}{32}$ ⑩ $1\frac{1}{3}$ ⑪ 4
⑫ $4\frac{2}{7}$ ⑬ $\frac{1}{8}$ ⑭ $\frac{2}{3}$

**14**  ① $\frac{4}{5}$  ② $2\frac{1}{4}$  ③ 3  ④ $1\frac{1}{10}$  ⑤ $\frac{2}{5}$  ⑥ $\frac{3}{5}$  ⑦ $\frac{1}{2}$  ⑧ $\frac{4}{5}$  ⑨ $\frac{1}{2}$  ⑩ $\frac{9}{10}$  ⑪ $\frac{2}{3}$  ⑫ $1\frac{1}{4}$  ⑬ $\frac{2}{3}$  ⑭ $\frac{1}{3}$  ⑮ $1\frac{1}{3}$  ⑯ $\frac{3}{5}$

**15**  ① $1\frac{1}{5}$  ② $\frac{7}{10}$  ③ $\frac{1}{6}$  ④ $\frac{1}{2}$  ⑤ 3  ⑥ $1\frac{2}{3}$  ⑦ $\frac{1}{2}$  ⑧ $1\frac{2}{17}$  ⑨ $\frac{3}{4}$  ⑩ $2\frac{7}{9}$  ⑪ 10  ⑫ 6  ⑬ $1\frac{5}{7}$  ⑭ $1\frac{3}{7}$  ⑮ 2  ⑯ $1\frac{1}{2}$

**16**  ① $4\frac{1}{2}$  ② 3  ③ $\frac{1}{4}$  ④ $\frac{1}{2}$  ⑤ 2  ⑥ $2\frac{2}{3}$  ⑦ 6  ⑧ $\frac{3}{7}$  ⑨ $\frac{3}{7}$  ⑩ $1\frac{7}{15}$  ⑪ 14  ⑫ $2\frac{1}{3}$  ⑬ $\frac{2}{33}$  ⑭ $\frac{1}{15}$

**17**  ① $\frac{1}{3}$  ② $\frac{3}{5}$  ③ 2  ④ $1\frac{1}{2}$  ⑤ $\frac{3}{4}$  ⑥ $\frac{3}{4}$  ⑦ $1\frac{3}{4}$  ⑧ $1\frac{5}{9}$  ⑨ $\frac{6}{25}$  ⑩ $\frac{20}{49}$  ⑪ 9  ⑫ 18  ⑬ $\frac{3}{70}$  ⑭ $\frac{1}{12}$

**18**  ① $1\frac{2}{3}$  ② $\frac{2}{5}$  ③ $\frac{1}{5}$  ④ $\frac{16}{21}$  ⑤ $\frac{5}{9}$  ⑥ $\frac{40}{77}$  ⑦ $\frac{4}{15}$  ⑧ $1\frac{1}{8}$  ⑨ $\frac{7}{40}$  ⑩ $\frac{9}{28}$  ⑪ 6  ⑫ $2\frac{2}{5}$  ⑬ $\frac{5}{84}$  ⑭ $\frac{1}{5}$

**19**  ① 2  ② 2  ③ 2  ④ 8  ⑤ 8  ⑥ 8  ⑦ 2  ⑧ 2  ⑨ 2  ⑩ 7  ⑪ 7  ⑫ 7  ⑬ 12  ⑭ 12  ⑮ 12  ⑯ 12  ⑰ 12  ⑱ 12  ⑲ 12  ⑳ 12

**20**  ① 1.5  ② 3.8  ③ 4.5  ④ 1.4  ⑤ 4.5  ⑥ 5  ⑦ 1.5  ⑧ 12  ⑨ 5.4

**21**  ① 15  ② 38  ③ 24  ④ 8  ⑤ 12  ⑥ 5  ⑦ 15  ⑧ 18  ⑨ 14

**22**  ① 13 --- 1.3  ② 25 --- 1.2  ③ 27 --- 0.5  ④ 64 --- 0.3  ⑤ 18 --- 1.8  ⑥ 5 --- 3.5  ⑦ 20 --- 1.4  ⑧ 10 --- 2.3  ⑨ 12 --- 0.6

**23**  ① 13 --- 1.3  ② 25 --- 1.2  ③ 27 --- 0.5  ④ 64 --- 0.3  ⑤ 18 --- 1.8  ⑥ 18 --- 1.6  ⑦ 16 --- 0.8  ⑧ 11 --- 1.3  ⑨ 15 --- 0.5

**24**  ① 3.25  ② 0.25  ③ 2.48  ④ 1.75  ⑤ 2.38  ⑥ 1.65  ⑦ 0.8  ⑧ 1.65  ⑨ 1.25

**25**  ① 0.6  ② 1.9  ③ 2.7  ④ 1.7  ⑤ 1.6  ⑥ 1.1  ⑦ 1.5  ⑧ 1.8  ⑨ 1.8

**26**  ① 1.82 --- 0.01  ② 3.53 --- 0.016  ③ 2.53 --- 0.005  ④ 3.22 --- 0.006  ⑤ 0.57 --- 0.039  ⑥ 2.82 --- 0.004  ⑦ 2.85 --- 0.02  ⑧ 3.07 --- 0.011  ⑨ 1.87 --- 0.014  ⑩ 1.51 --- 0.019  ⑪ 1.28 --- 0.022  ⑫ 2.23 --- 0.013

**27**  ① 0.8  ② 2.4  ③ 2.5  ④ 3.5  ⑤ 1.8  ⑥ 0.6  ⑦ 0.7  ⑧ 3.2  ⑨ 3.5  ⑩ 1  ⑪ 1.9  ⑫ 1.3

**28**  ① 2.3×16+0.1=36.9  ② 3.4×26+0.8=89.2  ③ 1.4×47+1.3=67.1  ④ 2.9×26+0.9=76.3  ⑤ 3.9×11+3.2=46.1  ⑥ 2.7×16+0.2=43.4

**29**  ① 101  ② 101  ③ 101  ④ 11  ⑤ 11  ⑥ 11  ⑦ 25  ⑧ 25  ⑨ 25  ⑩ 21  ⑪ 21  ⑫ 21  ⑬ 6  ⑭ 6  ⑮ 6  ⑯ 6  ⑰ 16  ⑱ 16  ⑲ 16  ⑳ 16

**30**  ① 24  ② 23  ③ 16  ④ 32  ⑤ 21  ⑥ 18  ⑦ 8  ⑧ 16  ⑨ 19

**31** ① 210 ② 160 ③ 230 ④ 320 ⑤ 240
⑥ 180 ⑦ 80 ⑧ 190 ⑨ 160

**32** ① 7 --- 0.58 ② 9 --- 0.03 ③ 8 --- 0.07
④ 9 --- 0.05 ⑤ 9 --- 0.23 ⑥ 9 --- 0.1
⑦ 73 --- 0.1 ⑧ 90 --- 0.02 ⑨ 86 --- 0.22

**33** ① 1.25 ② 2.25 ③ 7.44 ④ 2.25 ⑤ 1.25
⑥ 1.25 ⑦ 16.5 ⑧ 13.5 ⑨ 12.5

**34** ① 1.5 ② 5.3 ③ 15.2 ④ 12.8 ⑤ 2.2
⑥ 0.4 ⑦ 16.4 ⑧ 15.2 ⑨ 10.6

**35** ① 1.68 --- 0.0012 ② 1.89 --- 0.0009
③ 1.95 --- 0.0015 ④ 7.25 --- 0.0025
⑤ 8.46 --- 0.0012 ⑥ 8.72 --- 0.0008
⑦ 2.12 --- 0.0004 ⑧ 3.21 --- 0.0012
⑨ 8.79 --- 0.0011 ⑩ 13.66 --- 0.0024
⑪ 16.04 --- 0.0026 ⑫ 3.31 --- 0.0104

**36** ① 1.7 ② 1.7 ③ 1.3 ④ 3.2 ⑤ 5.2 ⑥ 21
⑦ 1.2 ⑧ 1 ⑨ 7.5 ⑩ 16.3 ⑪ 17.9 ⑫ 12.9

**37** ① 0.37 --- 0.004 ② 0.83 --- 0.002
③ 0.28 --- 0.004 ④ 6.14 --- 0.002
⑤ 5.33 --- 0.003 ⑥ 1.63 --- 0.003
⑦ 2.46 --- 0.002 ⑧ 0.08 --- 0.002
⑨ 0.79 --- 0.071 ⑩ 0.03 --- 0.041
⑪ 0.62 --- 0.032 ⑫ 0.91 --- 0.018

**38** ① 5.66 --- 0.0004 ② 4.37 --- 0.0004
③ 6.75 --- 0       ④ 8.7 --- 0.001
⑤ 20.38 --- 0.0016 ⑥ 26.06 --- 0.0004
⑦ 0.68 --- 0.0096 ⑧ 0.66 --- 0.0224
⑨ 1.06 --- 0.0144 ⑩ 4.54 --- 0.0034
⑪ 2.34 --- 0.0124 ⑫ 0.85 --- 0.0415

**39** ① 0.66 --- 0.012 ② 1.3 --- 0.02
③ 1.55 --- 0.015 ④ 2.07 --- 0.011
⑤ 1.46 --- 0.038 ⑥ 0.82 --- 0.044
⑦ 0.64 --- 0.082 ⑧ 1.11 --- 0.067
⑨ 0.74 --- 0.056 ⑩ 1.43 --- 0.0025
⑪ 1.26 --- 0.0048 ⑫ 1.26 --- 0.0484

**40** ① 1.5 --- 0 ② 0.79 --- 0.0008
③ 0.78 --- 0.0052 ④ 0.03 --- 0.0214
⑤ 0.3 --- 0.005 ⑥ 0.07 --- 0.0111
⑦ 2.05 --- 0.016 ⑧ 0.25 --- 0.0125
⑨ 0.25 --- 0.0275 ⑩ 1.96 --- 0.0032
⑪ 1.21 --- 0.0279 ⑫ 1.51 --- 0.0093

**41** ① 8 ② 6 ③ 10 ④ 12 ⑤ 25 ⑥ 24

**42** ① 11 ② 11 ③ 14 ④ 15 ⑤ 23 ⑥ 23

**43** ① 14 ② 13 ③ 9 ④ 14 ⑤ 13 ⑥ 11
⑦ 22 ⑧ 20

**44** ① 13 ② 12 ③ 8 ④ 13 ⑤ 13 ⑥ 11
⑦ 22 ⑧ 20

**45** ① 6.28 ② 31.4 ③ 62.8 ④ 314
⑤ 8×3.14=25.12 ⑥ 8×2×3.14=50.24

**46** ① 3.14 ② 78.5 ③ 314 ④ 7850
⑤ 4×4×3.14=50.24 ⑥ 8×8×3.14=200.96

**47** ① 원주 18.84 넓이 28.26 ② 원주 56.52
넓이 254.34 ③ 원주 125.6 넓이 1256
④ 원주 62.8 넓이 314 ⑤ 원주 314 넓이
7850 ⑥ 원주 157 넓이 1962.5

**48** ① 4 ② 7 ③ 6 ④ 18 ⑤ 3 ⑥ 16

**49**

**50**

순서는 상관없이 차지하는 칸수가 맞으면
정답입니다.

**51** ① 전 4 후 3 ② 전 5 후 9 ③ 전 12 후 15
④ 내 3,6 외 2,9 ⑤ 내 7,8 외 4,14
⑥ 내 15,24 외 12,30 ⑦ 전 6 후 5
⑧ 전 25 후 29 ⑨ 내 5,30 외 6,25
⑩ 내 12,14 외 7,24

**52** ① 24 ② 20 ③ 6 ④ 21 ⑤ 51 ⑥ 133
⑦ 12 ⑧ 20 ⑨ 50 ⑩ 42 ⑪ 30 ⑫ 24
⑬ 27 ⑭ 25 ⑮ 9 ⑯ 42 ⑰ 20 ⑱ 40
⑲ 25 ⑳ 66

**53** ① 6 ② 3 ③ 1 ④ 11 ⑤ 11 ⑥ 7 ⑦ 1
⑧ 1 ⑨ 9 ⑩ 7 ⑪ 7 ⑫ 7 ⑬ 6 ⑭ 12
⑮ 2 ⑯ 6 ⑰ 3 ⑱ 30 ⑲ 10 ⑳ 5

**54** ① 8:3 ② 1:3 ③ 2:1 ④ 4:3 ⑤ 11:7 ⑥ 10:3
⑦ 10:3 ⑧ 6:1 ⑨ 5:18 ⑩ 5:12 ⑪ 3:1 ⑫ 3:1
⑬ 3:2 ⑭ 3:4 ⑮ 25:8 ⑯ 28:27

**55** ① 9:7 ② 7:4 ③ 8:7 ④ 8:5 ⑤ 9:7 ⑥ 5:7
⑦ 4:3 ⑧ 9:7 ⑨ 3:2 ⑩ 3:2 ⑪ 8:3 ⑫ 2:3
⑬ 9:5 ⑭ 3:1 ⑮ 2:3 ⑯ 4:3

**56** ① 모두18 ② 모두56 ③ 모두360 ④ 모두7.2
⑤ 모두14.4 ⑥ 모두16.8 ⑦ 모두144
⑧ 모두80 ⑨ 모두8.8 ⑩ 모두16.8

**57** ① 12 ② 10 ③ 14 ④ 27 ⑤ 2 ⑥ 7 ⑦ 2
⑧ 9 ⑨ 15 ⑩ 36 ⑪ 45 ⑫ 324

**58** ① 2:4:3 ② 11:12:13 ③ 2:4:6 ④ 11:12:24
⑤ 15:21:7 ⑥ 8:3:12

**59** ① 4:2:1 ② 2:4:1 ③ 20:9:14 ④ 10:4:9
⑤ 3:5:6 ⑥ 3:4:6 ⑦ 3:5:7 ⑧ 1:2:3
⑨ 12:21:20 ⑩ 20:12:7 ⑪ 4:36:21
⑫ 9:7:4 ⑬ 1:4:3 ⑭ 9:2:6

**60** ① 대환 6 민재 4 ② 한솔 12 윤희 9
③ 영재 1000 현주 500 ④ 세린 8 상윤 32
⑤ 정희 126 민지 56 ⑥ 영훈 8400 지연 4800

**연습1** ① $\frac{1}{8}$ ② $\frac{2}{3}$ ③$2\frac{1}{3}$ ④ $\frac{4}{15}$⑤$1\frac{5}{16}$⑥$1\frac{1}{2}$

⑦2 ⑧ $\frac{3}{46}$ ⑨$1\frac{1}{2}$ ⑩ $\frac{1}{6}$ ⑪$4\frac{1}{2}$

**연습2** ① $\frac{1}{5}$ ② $\frac{1}{9}$ ③$1\frac{13}{36}$④$1\frac{1}{3}$⑤$1\frac{2}{9}$ ⑥ $\frac{1}{3}$

⑦ $\frac{7}{9}$ ⑧ $\frac{3}{14}$ ⑨$3\frac{1}{2}$ ⑩$\frac{21}{136}$⑪$1\frac{11}{18}$

**연습3** ①$1\frac{1}{15}$ ② $\frac{3}{20}$ ③ $\frac{3}{5}$ ④ $\frac{3}{4}$ ⑤$3\frac{3}{10}$ ⑥ $\frac{2}{3}$

⑦$1\frac{2}{7}$ ⑧ $\frac{1}{35}$ ⑨ $\frac{7}{10}$ ⑩$1\frac{2}{7}$ ⑪ $\frac{6}{7}$

**연습4** ① $\frac{7}{9}$ ② $\frac{3}{26}$ ③$6\frac{3}{4}$ ④ $\frac{1}{2}$ ⑤$1\frac{1}{20}$ ⑥$2\frac{2}{7}$

⑦11 ⑧ $\frac{3}{25}$ ⑨$3\frac{1}{3}$ ⑩ $\frac{1}{12}$ ⑪$40\frac{1}{3}$

**연습5** ① 1.62---0.004 ② 4.14---0.002 ③ 6.83---
0.002 ④ 3.47---0.001 ⑤ 2.61---0.002
⑥ 1.24---0.004 ⑦ 1.86---0.036 ⑧ 1.22---
0.036 ⑨ 0.81---0.034

**연습6** ① 3.75---0 ② 3.77---0.007 ③ 6.62---0.004
④ 2.47---0.007 ⑤ 6.33---0.005 ⑥ 2.33---
0.009 ⑦ 2.2---0.01 ⑧ 1.14---0.032 ⑨ 1.83
---0.033

**연습7** ① 2.71---0.0003 ② 7.25---0 ③ 1.5---0
④ 1.51---0.0038 ⑤ 0.39---0.0025 ⑥ 0.19
---0.0018 ⑦ 2.01---0.0194 ⑧ 1.26---
0.0054 ⑨ 0.6------0.01

**연습8** ① 0.18---0.0114 ② 0.27---0.0074 ③ 0.14
---0.0132 ④ 0.03---0.0196 ⑤ 0.26---0.00
18 ⑥ 0.06---0.0074 ⑦ 2.97---0.0162
⑧ 0.23---0.0183 ⑨ 0.57------0.0221

계산력 완성 !!!
스스로 하루를 준비하는 아침5분수학